나는 이제 두렵지 않습니다

나는 이제 두렵지 않습니다
두려움 없는 믿음

Copyright ⓒ 새물결플러스 2010

Originally published in the U.S.A. under the title: Where's Your Jesus Now?
Copyright ⓒ 2008 by Karen Spears Zacharias
Translation copyright ⓒ 2010 By Karen Spears Zacharias
Translated by Jang Hye Young
Published by permission of Zondervan, Grand Rapids, Michigan, U.S.A. through arrangement of rMaeng2, Seoul, Republic of Korea.

All rights reserved.

Korean Edition Copyright ⓒ 2010 by Holy Wave Plus Publishing Company, Secul, Republic of Korea

본 저작물의 한국어판 저작권은 알맹2 에이전시를 통하여 Zondervan 과 독점 계약한 새물결플러스에 있습니다. 신 저작권법에 의하여 한국 내에서 보호받는 저작물이므로 무단전재와 무단복제를 금합니다.

나는 이제 두렵지 않습니다

두려움 없는 믿음

카렌 스피어스 자카리아스 지음 · 장혜영 옮김

Where's Your Jesus Now

일상에서 우리의 세계를 위협해 오는 두려움의 물결을 목격할 때마다 나는 그 무엇에도 의지할 데 없이 흔들린다. 지금까지도 내면과 외면의 두려움이 나를 명령적 근거로 떼민다. 나는 하나님의 다리를 붙잡고 안전한 길로 나를 알기 원한다고 하나님께 호소한다. 그리고 바로 그곳, 보호하시는 하나님의 안전한 우산 아래에서 나를 사로잡은 공포는 힘을 잃기 시작한다. 흐느껴 서러 눈물은 깊은 한숨으로 변하고 평안한 힘이 나를 붙든다. 당신은 가장 두려울 때 누구를 찾아 달려가는가?

Holy
WavePlus

차례  CONTENTS

1. 두려웠던 그날 밤 … 7
2. 두려움을 먹고 마시다 … 23
3. 두려움의 이빨 … 33
4. 사랑, 길을 벗어나다 … 47

Where's Your Jesus Now

5. 확신의 종교 … 65
6. 연기가 되어 흩어지다 … 79
7. 복음과 믿음의 소음기 … 93
8. 같지만 다른 모양으로 … 103

9. 떨어지는 눈발 같은 … 123

10. 하나님께 복수하다 … 131

11. 두려움을 넘어서다 … 141

12. 목적이 있는 삶 … 155

Examining How Fear Erodes Our Faith

13. 연약한 믿음의 사람들 … 169

14. 두려움과 춤을 추다 … 183

15. 낫게 해 주세요 … 199

감사의 말 … 213

{ 1 }
두려웠던 그날 밤

에릭 셰넌은 종교적인 사람이었다. 보수적인 그리스도인으로 자란 그는 예수 그리스도의 동정녀 탄생과 십자가의 죽음과 그분의 부활을 믿었고 그뿐 아니라 세례와 삼위일체 그리고 십계명도 믿었다. 한때 에릭은 하나님이 자신을 목회자로 부르셨다고 생각하기도 했다.

그의 어머니 셜리 던햄은 아들의 청소년기를 이렇게 기억한다. "전도에 열심이었죠. 성경을 아주 잘 아는 아이였어요."

하지만 언제부터인지 에릭은 어머니가 자신에게 가르쳐 준 '어린 양의 보혈로 죄사함 받는' 기독교에 불만을 갖기 시작했다. 그는 자기 자신의 믿음을 갖고 싶어 했다. 그리고 가정을 꾸릴 즈음 에릭은 극단적인 유대교에 안착했다. 에릭은 네 딸과 세 아들, 이렇게 일곱 자녀의 아버지였다. 그는 자녀들이 자신의 권위에 절대로 토를 달지 못하도록 했다. 아버지에게 복종하고 아버지를 두려워하라고 자녀들을 가르쳤다.

보수적인 침례교인이었던 에릭의 어머니 셜리는 에릭의 자녀 양육 방식에 관여하지 못했다. 에릭이 어디에서 잘못됐는지 알 수 없었지만, 정상적인 생활에서 벗어났다는 사실만큼은 의심의 여지가 없었다. 두 사람은 신앙 문제로 거칠게 논쟁하곤 했다.

에릭은 「레위기」의 율법에 집착했다. 어머니의 신앙의 주춧돌이었던 신약을 전적으로 거절했다. 심지어 에릭은 아이들을 공립학교에 보내지 않았는데, 학교에서 유대교에서 금하는 돼지고기가 들어 있는 반찬을 점심식사로 아이들에게 제공했기 때문이었다.

에릭은 가부장적인 사회에서 중시하는 장자를 우대하는 사상을 받아들였다. 그는 열세 살밖에 되지 않은 큰아들에게 동생들을, 특히 여동생들을 다스릴 권리가 있다고 가르쳤다. 그것이 하나님이 인간을 위해 만들어 놓은 질서라고 주장했다. 가죽 허리띠를 주며 말을 듣지 않는 여동생들은 때려도 좋다고까지 했다. 큰아들은 그러고 싶지 않았지만 선택받은 아버지의 아들이라는 특권만큼은 즐거워했다.

에릭의 큰딸은 아버지에게 당했던 학대에 대해 누구에게도 말하지 않았다. 하지만 열한 살짜리 그 딸아이는 욕설, 폭력, 성폭행 등 폭력의 가족사를 일기장에 낱낱이 기록해 두었다. 그녀의 아버지가 그 사실을 알았더라면 그 아이는 분명 맞아 죽었을 것이다.

아버지의 폭력에 지친 아이들은 결국 친할머니에게 아버지의 습관적인 폭력과 위협에 대해 말했다. 셜리는 아들의 협박에 대해 이렇게 회고했다. "에릭은 아이들에게 '내가 너희를 세상에 데리고 왔으니, 데려갈 수도 있어.'라고 말하곤 했어요." 셜리는 에릭의 이런 말이 결코 농담이 아니라는 사실을 잘 알고 있었다. 그 말은 진심이었다.

에릭의 큰딸은 도움을 구하기 위해 그 일기장을 친할머니 셜리에게 건넸다. 심사숙고 끝에 셜리는 불편한 마음을 뒤로 하고 그 일기장을 오리건 주 가정복지부에 보냈다. 해당 기관은 일기 속에 나오는 자세한 기록을 통해 에릭의 아이들이 얼마나 가혹하게 양육 받았는지를 확인할 수 있었다.

에릭의 극단적인 근본주의적 신앙은 그의 행동에 정당성을 제공해 주었다. 하나님이 자신의 편에 계시는데 누가 자신을 대적하겠는가? 에릭은 다른 사람들에게 겁을 주는 것이 자신의 권리라고 느꼈다. 그렇게 하면서도 복수라든가 하는 것에 대한 두려움은 없었다. 하나님이 자신의 보호자였기 때문이다. 에릭과 하나님이 같은 편이 되어 세상에 맞서고 있었다. 에릭은 아무도 믿지 않았지만, 특히 정부 기관과 관련된 사람이라면 누구를 막론하고 더 믿지 않았다.

셜리는 정부 기관이 에릭과 그의 현재 아내이자 가장 어린 네 아이들의 생모인 로빈에게서 아이들을 데리고 갈 경우 그 대가가 만만치 않으리라는 사실을 알고 있었다. 셜리는 기관 사람들에게 이 일이 결코 쉽지 않을 거라고 주의를 주었다.

어느 날 오후 전화벨이 울렸다. 에릭이었다. 그는 어머니 셜리에게 고함을 질렀다. "내 아이들을 내 놔! 안 그러면 죽여 버릴 거야!"

그것은 단순한 협박이 아니었다.

기도회가 있던 어느 수요일 저녁 10시를 막 넘긴 시각에, 에릭과 로빈은 도시 외곽에 위치한 어머니 셜리와 양아버지 찰스가 살고 있는 이동주택 앞에 차를 세웠다. 에릭은 앞자리에 있던 자동소총을 집어 들고 임신 중이던 아내 로빈에게 두 자루의 총과 여분의 탄약을 챙기도록 했다. 둘은 장전된 무기를 손에 들고 찰스와 셜리의 집 마당을 향해 걸어갔다. 그리고 전화선을 끊어 버렸다.

방충망을 걷어 내고 창문을 통해 집안으로 들어간 에릭은 아내 로빈이 들어올 수 있도록 문을 열었다. 두 사람의 세 살배기 아들은 거실 소파에 잠들어 있었다.

자동소총을 둘러맨 에릭은 어머니의 침실로 들어가서는 자신의 큰아들을 내놓으라고 소리 질렀다.

"내 아들 내 놔!"

셜리는 큰 손자가 어디에 있는지 모른다고 했다. 에릭이 강압적으로 아이를 되찾으려 할지도 모른다고 우려한 정부 기관이 아이를 가까운 동네의 위탁가족에게 맡겼기 때문이다. 에릭은 어머니에게 욕설을 퍼부었다.

전에는 로빈이 시어머니 셜리와 남편 에릭 사이에서 중재를 하곤 했는데 그날 밤 로빈에게서 그런 모습은 전혀 찾아볼 수 없었다. 임신 8개월의 로빈은 셜리를 향해 총을 겨누었다.

"그날 밤, 며느리는 에릭의 완벽한 파트너였어요." 사건이 터진 지 일 년이 지난 인터뷰에서 셜리는 이렇게 말했다. 기억을 떠올리는 셜리의 이마와 눈가의 주름이 더욱 깊어졌다. "저는 며느리의 총을 붙잡았어요. 로빈에게서 총을 빼앗으려고 했지만 로빈은 계속 저를 밀쳐냈지요. 총을 빼앗았더라면 아마 에릭이 저를 죽였을 거예요."

에릭은 침대를 밟고 건너가 복도에서 아내와 몸싸움을 벌이고 있는 어머니를 위협했다. 셜리의 남편 찰스가 에릭과 셜리의 틈을 비집고 들어갔다.

"어머니를 쏘면 안 된다." 찰스가 말했다. 에릭은 들고 있던 총으로 양아버지의 배를 밀쳤다. 찰스가 에릭의 총을 뿌리치자, 에릭은 방아쇠를 당겼다. 총알은 찰스의 살점을 파고들어 허벅지에 박혔다.

"아빠가 할아버지를 쐈어!" 셜리의 큰 손녀가 소리를 질렀다.

"엄마, 총을 가지고 온 거야? 진짜로 총을 가지고 온 거야?" 눈을 크게 뜨고는 세 살배기 아이가 물었다.

세 살배기를 팔에 안은 셜리는 문으로 향했다. 로빈이 셜리를 향해 총을 들었다.

"내 아이를 내려 놔요. 그렇지 않으면 총으로 날려 버릴 거예요." 로빈이 명령했다.

셜리는 하는 수 없이 로빈의 말대로 했다. 총을 든 로빈은 셜리를 다시 복도로 밀어붙였다. 바닥에 누워 피를 흘리고 있는 찰스를 보고 에릭은 양아버지와 어머니에게 미안하다고 사과했다. 그러고 나서 어머니를 밧줄로 묶었다.

"에릭이 자신이 한 짓에 대해 사과를 했지요. 1분 정도는요. 그러더니 금세 또 돌변해 부상당한 제 다리를 발로 짖누르면서 자기 아들이 어디 있는지 대라고 소리를 질렀어요. 저는 큰 손자가 어디에 있는지 정말 몰랐지요." 찰스의 말이다.

손발이 묶인 셜리는 침대 위로 끌려갔다. 셜리의 몸 위로 선 로빈은 셜리의 가슴을 총구로 짖누르고 있었다. 그때 침대 위 벽에 걸린 예수님의 사진을 가리키며 로빈이 비아냥거렸다.

"이 예수님은 지금 어디에 있죠?"

"바로 여기에 함께 계시지!" 셜리가 대답했다.

"정말 그렇게 믿는단 말이예요?"

"그럼!" 셜리의 대답은 단호했다.

로빈이 비웃었다.

그때 아이들을 차에 태우라는 에릭의 고함소리가 들렸다. 로빈은 손발이 묶인 셜리를 침대에 버려 둔 채 돌아섰다. 로빈은 아이들의 신발과 외투를 챙기자 에릭은 그런 건 잊어버리라고 했다. 차가운 밤공기에 로빈이 급하게 숨을 내쉴 때마다 입김이 났고 아이들을 모두 차에 태운 로빈은 침낭으로 아이들을 덮었다. 떠나기 전에 에릭은 부모의 차 타이어를 총으로 쐈다. 조수석에 올라 앉은 에릭은 로빈에게 출발하라고 명령했다.

✽

경찰 경력 22년 차인 데일 경사는 이 사건을 맡게 된 것은 순전히 "하나님의 뜻"이었다고 말한다. 그가 호출을 받은 것은 밤 10시 반 정도였다. 경찰의 추격전이 시작되었고 용의자는 총격도 서슴지 않았다. 경찰차 한 대는 총에 이미 맞은 상황이었다.

씻을 시간도 없었다. 그는 옷을 챙겨 입고 가글로 재빨리 입만 헹구고 집을 나섰다.

경찰 본부에서 가져온 총에는 탄알이 장전되어 있었다. 용의자 차량이 고속도로의 동쪽을 향하고 있다는 무전이 들렸다. 데일 경사는 자신이 현장에 도착하기 전에 모든 상황이 종료되겠지 하고 생각했다.

∽

출동한 경찰들이 에릭의 차를 쫓고 있었다. 추격전은 조명도 없이 깜깜한 가운데 진행되었다. 불빛이 비치는 방향으로 에릭이 총을 쏘았기 때문이다. 에릭의 자동소총에서 날아오는 총알은 불꽃을 만들며 도로 위로 튀어 올랐다. 굉음으로 라디오 주파수가 흔들릴 정도였다. 에릭이 쏜 총알이 경찰차 한 대에 또 박혔다. 그래도 경찰은 추격전을 계속했다.

∽

중독 치료소에서 업무를 인계하고 있던 셰인 경사가 처음으로 지원 요청을 받은 건 그때였다. 추격전이 이웃 마을로 점차 옮겨지고 있다는 연락을 받고 그는 바로 출동했다.

경찰은 공항으로 빠져 나가는 고속도로 출구에 못을 깔아 두었다. 셰인 경사는 자신의 경찰차를 출구 앞에 세워 에릭의 차를 막아설 계획이었다. 그가 차를 세우고 있는 동안 총성이 들려왔다. 그의 눈앞에 늘어선 경찰차의 행렬이 얼마나 긴지 믿기 어려울 정도였다.

"끝이 보이지 않을 정도였어요." 셰인 경사는 기억을 떠올렸다.

1. 두려웠던 그날 밤 … 13

바닥에 깔려 있던 못 때문에 에릭의 차 앞 타이어가 터졌다. 차를 멈추려 하는 로빈에게 에릭은 계속 차를 운전하라고 소리를 질렀다. 창문으로 몸을 기댄 그는 다시 총을 쏘았다.

"쫓아오지 말라고!" 에릭은 소리를 질렀다.

타이어 바퀴에서는 불꽃이 솟아올랐고 로빈은 소리쳤다.

"여기에 세우면 안 돼?" 아무런 대답도 없었다.

로빈은 더 이상 움직일 수 없는 차를 오른쪽으로 틀어 인근에 있던 주유소로 들어갔다. 경찰차들이 일렬로 뒤를 따라 들어왔다.

⁓

나는 주유소 주변 언덕을 정리하고 있던 경찰쪽으로 차를 몰았다. 직장 상사인 「이스트 오레고니안」 편집장이 20분 전 우리 집으로 전화를 걸어 경찰이 용의자를 추격하고 있으니 취재해 오라그 했다.

"서둘러!" 그가 명령했다.

그 전까지 나는 에릭과 로빈의 이름을 들어 본 적이 없었다. 셜리와 그녀의 남편인 찰스도 마찬가지였다. 문제의 일기장과 그 일기를 쓸 수밖에 없었던 여자아이의 끔찍한 악몽들에 대해서도 나는 전혀 알지 못했다.

나는 주유소 바로 맞은편에 있는 주차장으로 차를 몰았다. 그리고는 수첩과 펜을 집어 들고 현장으로 달려갔다. 다행히 한 경찰이 몸을 피할 곳을 마련해 주었다.

⁓

경찰은 주유소에서 운영하는 편의점을 포위했다. 데일 경사는 주유소에 있는 사람이 주유원과 편의점 직원 두 명뿐이라는 사실을 알았다. 데일 경사는 자신의 총과 여분의 총 하나를 더 챙겼다. 셰인 경사가 데일 경사의 뒤를 따랐다. 벽쪽으로 주차된 트럭 한 대가 두 사람의 엄폐물이 되었다. 극도로 흥분한 에릭과의 거리는 10m도 채 되지 않았다.

에릭은 차에서 내려 총을 흔들면서 욕설을 퍼부었다. 그리고 자신의 아들이 어디 있는지를 물었다. 전투 진영으로 진을 친 경찰을 본 그는 자신의 소총을 앞뒤로 움직였다. 로빈이 차에서 내렸다. 아이들이 줄줄이 그 뒤를 따라 내렸다.

경찰은 사격을 할 수 없었다.

"저 아이들 좀 봐!" 놀란 경찰이 말했다.

데일 경사는 에릭이 들고 있던 자동소총을 예의주시했다. "저는 에릭의 차와 편의점으로 향하는 문을 주시하고 있었어요. 그 와중에도 그 자동소총에 대한 생각뿐이었습니다. 그 총이 만들어진 목적은 단 한가지입니다. 사람들을 죽이는 것 말이에요."

에릭은 로빈에게 열쇠와 총과 가방을 챙기라고 소리쳤다. 로빈은 완전 공황상태였다. "너무 무서웠어요." 일 년이 지나 감옥에서 이루어진 인터뷰에서 그녀는 이렇게 말했다. "막내아이를 들어 안았어요. 그 아이를 들고 있어야 경찰이 총을 쏘지 않을 거 같았거든요."

두 살배기 아들을 인간 방패로 삼은 로빈은 차로 다시 돌아갔다. 그 사이 열한 살 난 에릭의 딸은 동생들을 데리고 고래고래 소리를 지르는 아버지를 지나 편의점으로 들어갔다. 아이들은 편의점 직원과 함께 중앙 통로에 몸을 웅크리고 앉았다.

⁂

한편 바깥에 있던 셰인 경사는 아이들의 모습을 떨쳐 낼 수가 없었다. 사법 집행에는 초짜였던 초보 아버지인 그가 지금까지 담당했던 업무라고 해보았자, 짖는 개를 달래거나 술주정뱅이를 상대하는 일 따위였지만 미식축구 선수만큼이나 당당한 풍채의 셰인 경사는 용기를 내어 포복자세로 트럭 아래로 기어갔다. 차에서 이것저것을 챙기던 로빈이 그와 데일 경사를 발견했다. 두 사람의 거리가 얼마나 가까웠는지 로빈은 그가 속삭이는 말을 들을 수 있을 정도였다.

"바닥에 엎드리고 있던 경찰에게로 갔어야 했어요." 그녀는 이렇게 후회했다. 하지만 그럴 경우 에릭이 먼저 자신을 쏠지도 모른다는 두려운 생각에 그녀는 총과 탄약을 챙겨 서둘러 편의점으로 달려 들어갔다.

셰인 경사는 트럭 아래에서 기어 나왔고 데일 경사는 상황을 살폈다. "저 사람을 어떻게든 끌어내야 해. 용의자가 보이나? 용의자가 보여?" 셰인 경사에게 말했다.

에릭은 로빈을 따라 편의점으로 들어갔다. 계산대 뒤로 무릎을 굽힌 그는 총을 겨누기라도 한 것처럼 바깥쪽을 향하고 있었지단 사격을 하지는 않았다. 밝은 천장 조명 탓에, 어둠 속에서 사격 준비 중인 경찰들을 볼 수가 없었기 때문이었을 것이다.

몇 분이 지나 에릭이 편의점 밖으로 나왔을 때 경찰들은 그의 눈빛에서 그가 제정신이 아니라는 것을 읽어 낼 수 있었다.

"에릭이 밖으로 나왔지요. 무언가 작정하고 나온 것 같았어요." 한 경찰은 이렇게 회고했다.

에릭은 한쪽 무릎을 꿇더니 조준을 했다. 데일과 셰인 경사는 숨을 죽였다. 에릭은 계속해서 소리질렀다. "내 아들을 대체 어떻게 한 거야? 내 아들에게 무슨 짓을 한 거냐구!!!"

탕! 탕! 두 명의 경찰이 동시에 사격을 했다. 총성이 이어졌고 짧은 시간에 모두 여덟 발의 사격이 이루어졌다.

한 경찰관의 총알이 에릭의 오른쪽 겨드랑이 아래에 박혔다. 그 총알은 폐를 뚫고 들어가 그의 척추를 손상시켰다. 데일 경사가 쏜 총알은 방아쇠를 당기는 에릭의 손가락에 경미한 상처를 남기는 데 그쳤다. 셰인 경사는 자신의 총에 네 발의 총알이 들어 있는지도 몰랐다.

잠시 당황한 에릭은 놓친 총을 다시 잡으려 했다. 셰인 경사는 2차 사격을 했다. 유리 조각이 공중으로 흩어졌다. 셰인 경사가 장전을 마치기 전에 데일 경사가 2차, 3차 사격을 가했다. 이어 남은 한 발을 더 쏘았고, 그 총알이 에릭의 머리에 박혔다.

"경찰 아저씨들이 아빠를 죽였어!" 에릭의 어린 딸아이가 비명을 질렀다.

에릭 셰넌은 쓰러졌고, 서른 셋의 나이로 사망했다.

경찰은 편의점으로 들어가 그의 아내 로빈을 체포했고 아이들은 보호시설로 보내졌다.

나중에 에릭의 큰딸은 할머니, 할아버지에게 이렇게 말했다. "제가 하나님께 아빠를 죽여 달라고 기도했어요. 하나님이 그 기도를 들어 주셨나 봐요."

∽∽

나는 누군가 에릭의 시신을 덮는 장면을 불편한 마음으로 지켜보았다.

살인이나 끔찍한 교통사고, 화재 현장에 있어 본 나였다. 대낮에 강 하류로 떠내려 온, 물에 불고 기괴한 색깔의 변사체도 본 적이 있고, 베트남의 습한 정글에서 보내온 아버지의 시퍼렇고 멍든 시신을 본 적도 있다. 그러나 서늘했던 그 1월의 밤 이전에 이처럼 처참한 현장을 직접 목격한 적은 없었다.

이 사람들은 누구지? 누가? 도대체 왜 에릭의 아들을 데려간 거야? 지금 무슨 일이 일어난 거야? 우리 아이들은 안전한 걸까? 이 지역에 사는 가족이었을까? 우리 아이들의 야구 경기나 발표회에서 마주친 적이 있던가?

일 년이 지나 나는 교도소에서 복역 중인 에릭의 아내 로빈을 만났다. 법원의 명령에 의해 아이들은 보호시설로 보내졌고 그녀는 교도소에 수감되었다. 당시 그녀의 나이는 겨우 스물여섯이었다.

'두려움' 때문이었다고 로빈은 말했다. 친구들을 비롯해서 자신을 사랑하는 사람들은 모두 에릭을 떠나 가정폭력 피해자들을 위한 보호소를 찾아 가라고 충고했지만 그녀는 너무나도 두려웠다.

"에릭의 허락이 없이는 누구도 그를 떠날 수가 없었어요. 제가 그를 떠나려고 할 때마다, 에릭은 저뿐만 아니라 아이들과 제 가족들을 죽일 거라고 협박을 했어요."

교도소의 문이 딸깍 하는 소리를 내자 로빈은 몸을 앞으로 기울이며 마치 기도라도 하듯이 두 손을 꽉 마주잡고 말했다. "그럴 필요가 없었는데 저는 두려움 속에서 살았어요. 에릭을 이길 수 있는 사람은 아무도 없을 거라 생각했죠. 사실은 그렇지 않았는데… 만일 제가 도망쳤더라면 지금 이 꼴로 있지는 않았을 거예요. 걸어 나왔어야 했어요. 거기에 그러고 있지 말았어야 했는데 너무 두려웠어요."

잘못된 선택에 대한 대가는 너무 컸다. 감옥에 수감되는 것으로 끝나지 않았다. 로빈은 자신이 보호하려고 했던 바로 자신의 자녀들을 모두 잃었다.

나는 에릭의 어머니 셜리와 양아버지 찰스의 집도 방문했다. 그들은 그곳에서 에릭이 죽고 난 후에 태어난 갓난아이와 다른 손녀를 기르고 있었다. 가장 나이 어린 두 손자들은 워싱턴 주에서 살고 있었다. 에릭의 형제인 제프와 그의 아내가 아이들을 입양했기 때문이다. 아동 복지부는 그날 밤 에릭이 데려가려고 했던 큰아들을 포함해 세 아이들을 캔자스 주에 사는 아이의 생모에게로 보냈다.

찰스와 재혼하기 전에는 셜리 자신도 가정 폭력의 피해자였다고 한다. 그녀는 로빈이 왜 그런 행동을 했는지 이해할 수 있다고 말했다. 그리스도인인 셜리는 이혼은 잘못된 것이라 굳게 믿었다. 폭력을 휘두르는 남편 곁에 머물렀지만 마침내 남편이 자신을 버리고 떠나자 그녀는 혼자 힘으로 네 명의 아들들을 키워야 하는 불우한 여건에도 불구하고, 안도감을 느꼈다.

가정 폭력의 피해자들이 용기를 내서 도움을 청해야 한다고 셜리는 주장한다. "그렇지 않으면 폭력적인 배우자는 상대방에게 끊임없이 겁을 줘서 결코 자신을 떠나지 못하게 할 거예요."

자신의 전 남편이 그러했듯 그리고 에릭이 로빈에게 그러했듯이 말이다.

"두려움에 사로잡히면 자신이 저지르리라고는 상상도 하지 못한 많은 일들을 저지르게 돼요. 같은 어머니로서 저는 로빈이 자기 아이들을 일부러 위험에 빠뜨렸다는 사실을 믿을 수가 없어요. 하지만 로빈은 정말로 그런 일을 했어요. 로빈은 장전된 총을 가지고 있었어요. 그뿐인가요, 그리스도인이라는 이유로 저를 조롱하기도 했지요."

나는 셜리에게 한때는 그녀의 아들이 설교자로 부름받았다고 느끼기도 했는데 도대체 어쩌다가 그런 일이 일어난 것인지 그녀의 의견을 물었다.

"에릭은 성경에서 자기가 좋아하는 부분만 받아들였지요." 셜리는 이렇게 대답했다. 에릭은 주로 자신의 행동, 법과 가족 그리고 국가에 대한 자신의 태도에 정당성을 부여하기 위해 말씀을 이용했다. "에릭이 모르몬교로 개종한 후에 그 애는 제가 지옥에 갈 거라고 확신하기도 했어요. 제 신앙이 자신과 다르다는 이유로 말이죠." 셜리는 회고했다. 얼마 지나 모르몬교에는 매력을 잃었고 에릭은 불교도가 되기 위해 공부하기도 했지만 결국은 자신이 멋대로 뒤섞어 버린 유대교로 개종을 했다.

에릭이 영적인 구도자였다는 사실만은 분명했다.

그날 밤의 총상을 치료하기 위해 찰스는 다섯 번이나 수술을 받아야 했다. 하지만 그는 죽은 양아들에 대해 분노를 품지 않았다.

"그날 일어났던 모든 일에 대해 한 가족으로서 상대하고 문제를 풀어나가기는 쉽지 않았습니다. 어려웠지요. 기자님이라면 모든 증오심을 버리고 이미 일어나 버린 일의 상처를 해결하고 치유할 수 있을 것 같으세요?" 찰스의 말이다.

에릭의 종교적인 마음이 얼마나 깊었든 그것은 그에게 조금도 평안한 마음이나 상식적인 정신을 키워 주지 않았다. 예수님에 대한 성경구절들을 막힘없이 인용할 수 있었지만 그는 결코 C. S. 루이스가 말했던 예수님을 알지는 못했다.

하나님은 얼마든지 강철 심장을 가진, 결코 탄식하는 법이 없는 냉정한 사람으로 이 땅에 오실 수도 있었다. 하지만 하나님은 낮아질 대로 낮아지는 겸손을 택하셨다. 그분은 나사로의 무덤에서 눈물을 흘리고 겟세마네 동산에서 땀이 피로 변할 정도로 섬세한 감정을 지닌 인간으로 오셨다. 그렇게 하지 않으셨다면 우리는 중요한 교훈을 놓쳤을 것이다. 즉, 사람이 선하고 악한 것은 오직 그의 의지에 달려 있으며 감정 그 자체는 사람의 선악 여부에 영향을 끼치지 않는다는 사실을 깨닫지 못했을 것이다. 또한 그분이 우리 가운데 가장 연약한 사람이 겪는 것을 이미 모두 마주하셨으며, 인간 본성의 강점뿐 아니라 죄를 제외한 모든 연약함까지도 나누셨다는 중요한 사실도 깨닫지 못했을 것이다. 만일 하나님이 위대한 용사로 오셨더라면 많은 사람에게 있어 그분은 아예 우리와 같은 사람들은 쳐다볼 수도 없는 존재나 마찬가지였을 것이다. (C. S. 루이스 서간집, p.210)

에릭은 광적으로 보복의 하나님을 찾아 헤맸고 그 와중에 구원의 하나님을 완전히 잃어버렸다. 두려움과 절망의 피해자는 에릭뿐만이 아니다. 우리 중 많은 사람들이 에릭처럼 신앙을 남용하고 있다. 그들은 다른 사람들을 경멸하고 무시해도 좋다는 정당화의 수단으로 신앙심을 이용한다. 나도 그런 적이 있다. 어쩌면 당신도 그랬을 것이다.

찰스가 생각할만한 거리를 주었다. 모든 잘못을 끝내고 이미 일어난 일을 치유하려면 우리는 어디로 가야 할까?

무덤 옆에서 우신 예수님 말고는 어디에도 갈 곳은 없다.

{ 2 }
두려움을 먹고 마시다

나는 늘 에릭 셰넌에게 내가 신문에 실었던 것보다 무언가 더 깊은 이야기가 있을 거라는 생각이 들었다. 한때는 에릭도 자신의 형제들과 자녀들은 물론 어머니도 사랑했던 사람이었을 것이다. 수많은 시간 동안 말씀을 파고들며 인생의 깊은 의미를 찾아 헤매던 사람이 어떻게 총을 손에 드는 잘못을 저지르게 되었을까?

자신의 양아버지 찰스에게 총을 쏜 후 바로 참회의 말을 하고는 언제 그랬냐는 듯이 찰스의 다리를 짓밟는 에릭의 모습이 상상이 안 된다. 종종 저지르는 분별력 없는 나의 행동이 그렇지 않을까 두렵다. 에릭의 행동이 그를 사랑한 많은 사람들을 당황스럽고 혼란스럽게 했듯이, 나의 행동도 하나님을 당황스럽게 만들지는 않았을까?

궤양으로 고생하고 있는 한 젊은 아이 엄마가 있다. 궤양의 근본적인 원인은 두려움이었다. 그녀가 사는 동네는 주요 군사기지와 매우 근접한 곳이다. 그녀는 차라리 이런 곳이 다른 곳보다 더 안전하다고 말했다. 오고가는 사람들의 신원을 금방 파악할 수 있기 때문이란다.

그녀의 가장 큰 걱정은 아들이 다니는 학교가 테러를 당하지 않을까하는 것이다. 왜 그런 생각을 하는지 묻자 그녀는 몇 년 전 러시아의 한 초등학교에서 일어났던 총기난사 사건 때문이라고 했다.

'베슬란 학살 사건'으로 불리는 그 참극으로 인해, 186명의 어린이들을 포함해 총 341명의 사망자와 수백 명의 부상자가 발생했다. 부상자 가운데 일부는 중상을 입었고, 1천 2백 명 이상의 어른과 아이들이 인질로 잡혀 있었다. 그 사흘 동안 전 세계의 사람들이 러시아에서 벌어진 이 드라마 같은 사건을 지켜보기 위해 텔레비전 채널을 고정했다. 인간이란 정말이지 본질상 둔하고, 차에 치여 죽은 동물의 사체를 보고 몰려드는 까마귀 같으며, 사고 현장을 구경하기 위해 속도를 줄이는 구경꾼들 같은 비열한 족속들인가? 우리가 그 현장에 시선이 멈추는 이면에는 관심이 있기 때문이기도 하다. 우리가 도울 만한 일은 없는지 우리는 알고 싶어 한다. 당시 전 세계에 흩어진 그리스도인들은 인질들과 그들의 가족들을 위해 기도해야 한다는 마음의 감동을 받았다.

그 끔찍한 사건의 원인이 무엇이었는지는 아직도 밝혀지지 않았다. 이 젊은 엄마처럼, 어떤 사람들은 이 사건이 테러범들의 소행이라는 러시아의 공식적인 발표를 그대로 받아들인다. 하지만 어떤 사람들은 범인들이 테러범들이었다는 정부의 주장을 믿지 않는다. 그들은 그러한 주장은 실제 범인인 체첸 분리주의자들을 감싸기 위한 정부의 정치적 술수일 뿐이라고 이야기한다.

그렇지만 이 모든 게 그녀의 아들이 다니고 있는 초등학교와 무슨 상관이란 말인가?

"만약 테러범들이 우리나라를 공격한다면, 군사기지 근처만큼 안전한 곳이 어디에 있겠어요?" 그 어머니의 말이다.

하나님을 두려워하는 그리스도인으로서 이라크를 침공하기로 한 정부의 결정을 온 마음으로 지지한다는 그녀의 계속된 설명에 나는 할 말을 잃어버렸다.

"그 테러범들이 어린이들의 시신에 어떤 짓을 했는지 아세요? 아이들의 시신을 회수하러 간 부모나 정부 단체, 군인들을 죽이려고 죽은 아이들의 몸에 폭탄을 장치했어요." 그녀는 이렇게 덧붙였다.

우리가 이라크를 공격하지 않으면 알카에다는 분명 우리 작은 동네에까지 싸움을 일으킬 테고 안전하게 살고 싶어 하는 우리의 모든 꿈을 산산조각 낼 것이라는 주장이었다.

9·11 테러를 일으킨 집단과 이라크는 아무런 상관이 없다는 9·11 테러 조사 위원회의 결론은 말할 필요도 없다. 우리를 전쟁으로 몰아넣은 것은 빈약한 정보와 그보다 훨씬 조악했던 언론보도와 우리 자신의 두려움이 결정적이었다는 사실도.

"이라크는 지옥의 일곱 번째 층이에요.(단테의 『신곡』에 나오는 지옥-옮긴이) 거기에는 얼마나 많은 악이 넘쳐나는지 몰라요." 그녀는 덧붙였다.

여기 미국에서 살고 있는 것이 다행이라 해야 할까. 산유국들과 방위 업체들의 긍휼과 기분에 의지해 사는 것이 말이다. 하지만 그녀의 말에도 일리가 있다. 만연한 혼란과 파괴로 악을 정의해야 한다면 미국이 주도한 2003년의 침공 이후 이라크는 더욱 악으로 넘치는 나라가 되었다. 분명하지 않은 것은 악의 근원이 어디로부터인가 하는 것이다. 나는 그것이 하나님의 의도라거나 사람의 본성이라고 생각하지 않는다.

우리는 변덕스런 인간이다. 한 순간 인류애를 부르짖다가도 바로 돌변해 이웃을 고소하고 동료를 경멸하고 이른바 적들에게는 폭탄을 투하하고 거짓 고소를 함으로써, 상처 입은 사람을 다시 짓밟는다. 하나님과 조국의 이름으로. 두려움이 우리를 그렇게 만드는 것이다.

인터넷, 뉴스 속보 덕분에 우리들은 끊임없는 불안 가운데 살고 있다. 이라크의 차량 폭탄, 아프가니스탄의 어린이 폭탄 테러. 런던의 지하철 폭탄, 글래스고 공항의 폭탄. 이 모든 폭력이 연일 신문의 헤드라인을 장식한다.

정보화 시대가 우리를 조금 지혜로운 사람들로 만들어 주었는지는 모르겠다. 하지만 우리가 두려워해야 할 것들이 사방에 널려 있다는 것을 우리가 충분히 인식하게 되었다는 것 만큼은 확실한 것 같다. 실직, 명예 퇴직, 치매, 심장병, 유방암, 결장암, 피부암, 유괴, 성범죄, 조직폭력, 음주 운전, 절도, 사기, 대량 살상무기, 고문, 테러범, 헤즈볼라, 알카에다, 빈 라덴, 우고 차베스, 김정일 그리고 어떤 이들에게는 조지 부시, 쓰나미, 홍수, 지진, 화산폭발,

태풍, 지구 온난화까지.

걱정거리라고는 아이들의 예방 접종일이나 아이들이 신발을 제대로 신고 있는지, 숙제는 제 때 마쳤는지, 생일 초대장은 다 보냈는지 같은 단순했던 시절은 이제 없다. 유괴, 학교 총기사건 그리고 성범죄가 우리의 걱정거리가 되었다.

따라서 열여덟 살 이상 미국 성인 가운데 4천만 명이 불안 장애로 고통당하고 있다는 정신건강 보건원의 보고는 놀랄 일이 아니다. 성인 인구의 18%가 스트레스 장애, 불안 장애, 강박 신경증 같은 다양한 종류의 공포를 경험한다. 신경증은 이제 휘날리는 국기와 피자만큼 일반적인 것이 되어 버렸다.

우리는 두려움을 먹고 마신다. 공황 상태에 중독되어 끊임없이 먹고 마신다. 우리는 놀라 겁에 질리는 상태를 좋아한다. 정말로 좋아한다. 그리고 경제의 큰 축을 이루고 있는 증권 같은 제2금융 산업은 그 두려움을 의지한다.

한 매스컴의 발표에 따르면, 작년과 올해 사이에 등장한 공포영화는 예년의 두 배라고 한다. 이런 영화는 제작비는 적게 드는 반면, 두세 배의 이윤을 보장해준다. 이전에는 소름끼친다는 이유로 꺼려했던 장면들이 이제는 대낮의 볼거리가 되었다. 신체 일부분이 잘려나가 선혈이 낭자하고 끔찍한 살인 장면들이 말이다.

이런 영화는 열여덟 살에서 스물네 살 사이의 남자 관객과 점점 증가하는 여자 관객들을 주요 대상으로 한다. 온라인 잡지인 「영화계 소식」의 편집장이자 한때는 공포 영화의 광팬이었다는 데이비드 폴란드는 점점 증가하는 이러한 현상에 대해 우려를 표한다.

"이러한 영화들이 천박한 문화를 만든다는 사실만큼은 의심할 여지가 없습니다. 진짜 문제는 이런 영화가 궁극적으로 그것을 보는 사람들의 영혼에 어떤 영향을 끼치느냐 하는 점이지요."

이러한 신경과민은 신앙이 없는 사람들에게만 국한된 것은 아니다. 9·11 사태 이후 성경의 예언과 세계의 화약고인 중동에 관련된 종말론적인 책들의 매출은 폭발적으로 늘어났다. 500여 개의 서점을 대상으로 설문조사를 실시했던 기독교 출판협회에 따르면 9·11 직후 예언에 관련된 비소설류의 매출이 이전에 비해 71%나 증가했다고 한다.

아마겟돈 서점을 운영하는 브로데릭 셰퍼드는 「콜롬비아 저널리스트」와의 인터뷰에서 자신은 가까운 시일 내에 선악을 두고 전쟁을 벌일 이스라엘 뉴스에 특별한 관심을 기울이고 있다고 말했다.

"이스라엘이 위기에 처하면 사업이 잘 굴러가요. 중동이 평화로울 때는 사업도 어려워집니다." 그는 이렇게 말했다.

셰퍼드의 서점은 『예수살렘 초읽기』, 『거룩하지 않은 전쟁』, 『테러와 과격 이슬람』과 같은 책들을 진열한다. 9·11 이후 이러한 책들은 날개 돋친 듯 팔려 나갔고 이후에도 매출은 상승하고 있다고 한다. 천사의 노랫소리를 들어보라. 돈이 굴러 들어오는 소리를!

몇 해 전 가을 플로리다에 있었던 한 문예 행사에서 나는 우리 안에 거하는 두려움의 실례를 발견했다.

『클레이버드 캣츠 가르치기』라는 책의 저자이자 나의 친구인 제니스 오웬스는 나를 『와이어그래스』의 저자 마이클 모리스와 함께

토론자로 초청했다. 우리 세 사람이 튀긴 음식과 옥수수 빵을 먹고 자란 이야기들을 나누는 동안 관객들은 많은 관심과 반응을 보여주었다.

토론이 끝나고 나는 옆방 뒷자리로 몰래 들어가 베스트셀러 쓰는 법을 자세히 설명하고 있는 스릴러 작가의 이야기에 귀를 기울였다. 그의 소설의 플롯은 틀에서 거의 벗어나는 법이 없었다. 착한 사람은 언제나 미국 백인이었고 나쁜 사람은 갈색 피부의 이슬람 교도였다.

그의 성공 공식은 간단했다. "사람들은 땅을 파는 가난한 농부 이야기를 읽자고 책값을 지불하는 게 아닙니다. 돈이 많은 사람들이 이국적인 장소에 가는 이야기를 쓰세요." 그는 이렇게 말했다.

하지만 등골이 오싹할 정도로 나를 놀라게 한 것은 폭력 장면 연출에 대한 그의 조언이었다. 그는 에릭 셔넌이 사용했던 종류의 공격용 무기에서부터 비밀 임무, 저격수들에 대해 설명했다. 또한 세상에서 착한 미국인들을 제거하는 것만을 목표로 하는 갈색 피부의 이슬람 악한들에 대해서도 이야기했다.

나는 손을 높이 들었다. "선생님은 지금 자신이 전쟁을 미화하고 있고 불필요하게 독자들의 두려움을 확대시키고 있다는 생각은 안 해보셨나요?"

"좋은 질문이에요."라고 그는 대답했다. 하지만 어깨너머로 보이는 그의 미소에는 이런 생각을 하는 그의 속마음이 비쳤다. '평화를 사랑하는 순진한 여성이시구먼, 농부의 딸이 분명해.'

특수 부대나 정보부 등의 고위직 인사들을 친구로 둔 덕분에 그는 테러범들이 어떤 목표를 가지고 있는지에 대해 잘 알고 있었다. 사실 이 현대판 예언가는 고문 자격으로 국가 안전부의 초청을 받아 정부의 정책 제정가들과 위기 대처 담당자들에게 조언해 주기도 했다. 악의 세력이 어떤 방법으로 우리를 공격해 올지 그의 상상력을 사용해 도움을 주는 것이다. 그의 소설은 지어낸 이야기처럼 들리지만 그렇지 않다. 나쁜 놈들이 언제라도 우리를 공격할 수 있다며 그는 덧씌운 치아가 보이는 기막힌 미소로 말했다.

그는 베슬란 인질 사건에서 '영감을 얻어' 작품을 쓰기도 했다고 한다. 그 작품의 줄거리는 두려움에 떨며 사는 그 아이의 엄마가 상상하는 것과 정확히 똑같은 것이었다. 궤양을 앓을 정도로 두려움에 사로잡힌 이 엄마의 침대 옆에는 너덜거리는 성경책 말고도 이 소설가의 작품 중 하나가 놓여 있을 것만 같다.

이 소설가 겸 고문은 이슬람의 법은 어린아이를 죽이는 것도 허용한다고 이야기한다. 특히 과격파의 지경을 넓히는 일이라면 더더욱 그렇다는 것이다. 게다가 그는 자신의 웹사이트에서 베슬란의 이슬람 공격은 우리 대부분은 상상도 할 수 없던 타락을 보여준 악 그 자체였고 주장했다. 나의 말이 아니라 그의 말이다. 버지니아 공대에서 벌어졌던 한 사람의 광포한 범행 당시 그는 어디에 있었던 걸까? 오클라호마 폭파 사건 때는? 우리는 속아서는 안 된다. 악은 이슬람 과격주의자들에게만 있는 것이 아니다. 우리 미국인들도 악에는 일가견이 있다. 그렇지 않고서야 아부 그라이브 포로수용소의 잔악 행위와 콜롬바인 고등학교 총기난사 사건을 어떻게 설명할 수 있겠는가?

국가 안전부를 위해 일하는 이 작가가 모든 배후의 악을 어떻게 설명할지 나는 잘 모르겠다. 하지만 그는 이슬람교도들이 우리 공립학교 어린이들을 상대로 벌이는 인질 사건보다 더 끔찍한 장면을 창조해 낼 수 없다고 말한다.

하지만 나는 그가 결국 만들어 낼 거라고 자신한다. 만일 그가 작가로서 여전히 인기를 유지하고 싶다면 말이다.

생각해 보면, 본질적으로 그의 직업은 이전에 지옥불을 전하던 설교자들과 크게 다르지 않다. 그것은 에릭과 로빈이 자신들의 자녀들을 다루었던 방식과도 비슷하다. 폭력적인 부모의 보호를 받아야 하는 어린아이처럼 독자들에게 두려움과 안전함을 동시에 느끼도록 만드는 것이 그가 인기 작가로 성공할 수 있는 비결이다.

두려움에 떠는 오늘날 그리스도인들을 생각하기만 해도 식은땀이 난다. 보이지 않는 것들은 더 이상 믿음의 증거가 되지 않을 뿐만 아니라, 오히려 전 세계에 있는 악인들이 우리의 패망을 부지런히 계획하고 있다는 다른 암시가 되어 버렸다.

우리의 자신감은 어디에 있을까? 우리의 소망은? 폭풍우 속의 평화는 어디에 있을까? 두려움을 중심축으로 도는 이 세상을 향한 우리의 메시지는 무엇일까? 실제든 상상이든 적에 대한 극도의 경계심 때문에, 우리는 보호자이자 구원자이신 예수님을 더 이상 바라보지 못하는 것은 아닐까?

끊임없는 전쟁과 점점 악화되는 지구 온난화, 급증하는 핵무기, 흉포해져 가는 사회 분위기, 예언가를 자처하는 사람들과 안보 전문가들이 늘어놓는 암울한 예견 그리고 흔들리는 가정들. 이런 문제들 속에서 나는 몇 가지의 질문들을 조용히 곱씹어 본다.

　우리 예수님은 지금 어디에 계시는가? 우리의 소망은 지금 어디에 있는가?

　에릭의 어머니 셜리의 이야기가 다시 머릿속에 떠오르는 것은 바로 그러한 순간들이다. 생명의 위협을 느끼던 순간에도 셜리는 가장 깊은 두려움보다 더욱 거대한 믿음을 보여 주었다.

　너의 예수님이 지금 어디에 있냐는 침입자의 물음에 "예수님은 바로 여기에 함께 계시지!"라는 셜리의 대답.

　이 믿음을 향해 나의 마음이 울부짖는다.

{ 3 } 두려움의 이빨

완전한 두려움에 대한 나의 첫 번째 기억은 가면을 쓴 남자와 관련이 있다. 당시 나는 일곱 살이었다. 우리 가족은 조지아 주 포트 베닝에서 하와이 오하우 섬으로 이사를 했다. 군인이었던 아버지는 기지에서 열린 할로윈 축제에 우리 가족을 데려갔고, 그곳에서 우리는 팝콘과 파이를 먹었다.

프랭키 오빠와 나는 아버지와 함께 "유령의 집"을 찾아갔다. 그곳은 막대기에 천을 씌워 만든 야영장 수준의 조잡한 곳이 아니었다. 온갖 귀신들을 여러 방으로 나누어 곳곳에 배치해 놓은 그곳은 텔레비전에서나 보았을 법한 군용 텐트였다. 어린 린다에게는 너무 무서울 것 같다며 엄마는 동생과 함께 남겠다고 했다.

나는 아버지 옆에 딱 달라붙었다. 모퉁이를 돌자 늑대인간이 나타나 성난 표정으로 나를 향해 으르렁거렸다. 나는 빽빽 비명을 지르며 길 잃은 날다람쥐처럼 아버지의 다리로 잽싸게 달려갔다. 힘 좋은 아버지도 나를 떼어낼 수 없을 정도였다. 나는 아버지의 목을 꼭 감싸 안은 채 누가 심하게 매질이라도 하는 것처럼 엉엉 울었다.

늑대인간은 가면을 잽싸게 벗고 나를 진정시키려 했다. "얘야, 괜찮아. 봐, 이거 다 가짜야." 군인 아저씨는 웃으며 말했다. 하지만 이미 나는 두려움에 사로잡힌 후였다. 어둠 속에서 나타난 이빨 투성이 괴물이 내 옆에 가까이 다가오는 것이 싫었다. 나는 더 크게 울었다. 웃음으로 보아 아버지는 나의 과민 반응과 나를 달래려는 군인의 모습이 재미있으셨던 모양이다. "그래, 그래, 캐런. 이젠 괜찮아." 아버지는 내 등을 쓸어내리며 속삭이셨다.

하지만 나의 울음은 잦아들지 않았다. 엄마가 나를 아버지의 팔에서 끌어내 안을 때까지 나는 목이 터져라 계속 울어댔다. 내 기억으로 엄마는 그 상황을 아버지처럼 재미있게 받아들이지 않았다. 내가 우리 집의 공식 울보가 된 것은 그 때가 아니었나 싶다.

남편이 처음 두려움을 느꼈던 순간은 위클리프 성경 번역가들과 함께 선교사로 사역하시던 부모님을 따라 멕시코의 치아파스 지역으로 이사한 후 얼마 되지 않아서였다.

어느 날 오후 온 가족은 강가로 나갔고 당시 일곱 살이던 팀은 여느 일곱 살 남자아이들처럼 달음질을 하며 모두를 앞질러 나갔다. 물가에 도착한 팀은 평범한 다른 남자아이들처럼 물속으로 곧장 뛰어들었다. 자신이 수영을 할 줄 모른다는 사실은 생각도 하지 않은 채. 물살은 강하고 빨랐다. 바로 물살에 휩쓸린 팀은 하류로 떠밀려 내려갔다. 낚시찌처럼 때때로 물 위로 떠오르기도 했지만 팀은 금세 물가에서 멀어졌다.

팀의 부모님이 강둑에 도착했을 때 팀은 보이지 않았다. 당황한 팀의 부모님은 주변 사람들에게 묻기 시작했다. "제 아들 못 보셨어요?" 한 여자 분이 흘러가는 강물을 가리켰다. 그녀는 강물로 아이가 뛰어드는 모습을 보았지만 수영을 할 줄 모른다고는 생각조차 하지 않았다.

강물을 거푸 들이키며 어린 팀은 누군가 자신을 빨리 구해 주기를 간절히 바라고 있었다.

팀의 아버지는 카누 있는 쪽을 향해 달려가 카누를 잡아타고는 아들을 좇아 화산암 바위를 지나 깊은 물속으로 향했다. 그리고 그를 끌어내 기다리고 있는 어머니의 안전한 품에 안겨 주었다.

당연히 무서웠지만 팀은 당황하지 않았다. 팀은 소리를 지르지도 않았고 울지도 않았다.

두려움이 올바로 사용될 때는 자연스럽고 선한 것이 된다. 두려움은 우리 자신은 물론 다른 사람을 해치지 않도록 도와준다. 두려움은 해로운 것에서 우리를 지켜 주는 갑옷과 같은 보호막이자 앞에 놓인 매우 분명한 위험을 알려 주는 위험신호이기도 하다.

팀이 겁을 먹을 만한 이유는 충분했다. 그는 깊은 물에 말 그대로 완전히 잠긴 상태였다. 그의 아버지가 구해 주지 않았더라면 팀의 인생은 당연히 그날로 끝이 났을 것이다.

나는 팀과 다르다. 나는 아직까지는 팀이 겪은 것과 같은 심각한 위험에 빠져 본 적이 없다. 하지만 그렇다고 해서 내가 위험하지 않다고 나를 설득시킬 수 있는 사람은 아무도 없다. 상상 속 위협 때문에 나는 완전히 병적인 흥분을 경험했다. 정말로 무서운 상황에 처했던 사람은 팀이었지만 그 위협을 실제처럼 느낀 사람은 나였다.

이 문제는 어린이들이 종종 상상의 위협과 실제의 위협을 구별하지 못하기 때문에 생긴다. 그러나 더욱 큰 문제는 그 둘을 구별하지 못하는 성인들이 점점 늘어간다는 것이다.

조심하는 것과 병적으로 두려워하는 것을 혼동하면 안 된다. 대학생 때 나는 인디애나 주의 미시건, 게리, 포티지 그리고 여러 지역에서 남침례교 연합 여름성경학교 선교사로 섬기고 있었다. 이 교회에서 저 교회로, 이 공동체에서 저 공동체로 여러 성경공부 모임에서 성경학교까지 여러 활동으로 꽉 찬 바쁜 여름이었다. 그 당시 나는 난생처음으로 생생한 폭풍을 만나 지하실에 피신했었다. 유리병들과 실톱 사이에 쭈그리고 앉아 폭풍이 지나기를 기도하던 그 때 정말 얼마나 무서웠는지 모른다.

몇 주가 지나 파트너였던 페니와 나는 목사님에게 근처 백화점에 가서 장신구들을 사가지고 오겠다고 했다. 백화점은 사택에서 그리 멀지 않은 곳에 있었지만 작은 숲을 지나야 했다.

"숲을 지나 백화점으로 가는 길이 있지만 그 길로는 가지 마세요. 안전하지 않으니까요." 목사님은 이렇게 말씀하셨다.

우리는 교회 바로 옆의 큰 길로 갔다.

장신구들을 사고는 집으로 향했다. 어두워지려면 아직 한참이나 시간이 남아 있었다. 사택에 거의 다 왔을 때 승용차 한 대가 우리 앞에 서더니 남자 둘이 뛰어 내렸다.

"멈춰!" 그들은 이렇게 소리를 지르더니 외투를 열어서 총을 보여 주었다. 그러더니 지갑을 열어젖히고는 반짝이는 배지를 보이며 말했다. "경찰입니다."

그 사람들은 우리에게 우리가 누구인지, 신분증을 가지고 있는지, 왜 밝은 대낮에 이렇게 밖을 걸어 다니고 있는지 등을 질문하기 시작했다.

나는 우리는 남침례교 연합 여름성경학교 선교사들이고 차를 가지고 나온 것이 아니기 때문에 면허증도 챙겨서 가지고 나오지 않았다고 설명했다. 하지만 이 길 바로 아래에 있는 목사님의 집에 우리 신분증이 있으니 같이 가시면 보여 드릴 수 있다는 말도 잊지 않았다. 하지만 그들은 내 말을 믿지 않았다.

"차에 타시죠." 내 바로 옆에 선 경찰이 명령했다.

"뭐라고요?" 그 남자의 말을 제대로 들은 건지 의심하며 나는 되물었다.

"차에 타라고요." 차의 뒷문을 열며 그는 대답했다.

이들은 아직까지 우리에게 왜 우리를 연행하려고 하는지 밝히지 않았다. 총과 반짝이는 배지 외에 정말 그들이 경찰인지에 대한 아무런 증거도 없었다. 어떤 표시도 없는 차를 세우고 겨우 몇 분이 지나 차에 타라니. 구식 형사 드라마에나 나오는 어이없는 장면이 아닌가!

파트너였던 페니는 목회자의 자녀로 두말할 필요 없이 유순한 성격의 소유자였던 그녀는 별다른 저항 없이 차에 오르려고 했다.

"타지마!" 내가 말했다.

"뭐?" 몸을 돌리며 페니가 물었다.

"차에 타지 말라고. 우리는 이 사람들이 누구인지도 모르잖아. 경찰이 아닐 수도 있어."

"배지와 총을 가지고 있잖아." 공권력에 복종하지 않겠다는 나의 제안에 놀란 페니가 물었다.

"저런 총과 배지는 어디서나 구할 수 있어." 나는 이렇게 말했다.

그 사람들의 인내심이 사라지는 것 같았다. 그들 중 한 명이 지명수배 포스터를 펼치더니 내 코앞으로 들이밀었다.

"당신들, 이 수배자들과 너무 닮았어. 그래서 신고를 받고 출동한 거라고." 그가 말했다.

"그러니까 우리가 이 수배자들인 줄 알았다는 건가요?" 나는 물었고 페니는 옆에서 킥킥거렸다.

"딱 당신들이랑 닮았잖아."

경찰들이 무엇을 보고 그러는 건지 페니와 나는 그 포스터를 자세히 살펴보았지만 수배자들이라고 하는 그 포스터 속 여자들보다는 우리가 훨씬 예뻤다. 한눈에도 그렇게 보이지 않나?

아니었나 보다.

"어서 차에 타라니까요." 키가 큰 남자가 퉁명스럽게 말했다.

"다시한번 말하지만 차에 타지 않겠어요. 당신들이 정말 경찰인지 우리가 어떻게 알겠어요? 목사님 집으로 우리를 따라 오든지 아니면 경찰 표시가 있는 경찰차를 부르세요. 이 차에는 절대로 타지 않을 거예요!"

결국 그들은 사택으로 가기로 했다.

붉은 빛이 번쩍거리는 차에서 내려 문을 열고 들어오는 페니와 나를 보신 목사님은 굉장히 당황한 모습이었다.

"무슨 일이죠?" 목사님은 놀라서 물으셨다.

"경찰이 우리를 도망치고 있는 수배자들이라고 오해를 해서요." 지갑을 찾으러 복도를 뛰어 내려가는 동안 나는 큰 소리로 말했다.

"신분증을 가져 와야 해요." 페니가 말했다.

당신도 경찰의 불심검문을 당한 적이 있는가? 말하는 모양새는 우습고 걷는 것은 수배자와 같은 여자를 길에서 본다면 그 여자에게 어떤 일이 생길지 가만 지켜보시라.

어머니 말씀이 옳다. 낯선 사람의 차에 함부러 타면 안 된다. 수십 년이 지난 지금도 나는 경찰 표시가 없던 그 차에 올라타지 않은 것이 백번 잘한 일이었다고 생각한다. 그것은 병적으로 두려워한 것이 아니라 조심스럽게 행동한 일이었다.

하지만 두려움이 제멋대로 날뛰도록 내버려 두다가 혼난 적이 한두 번이 아니다. 제정신이 든 다음날 아침이면 꼭 자존심을 상하게 된 적도 여러 번 있다. 뭐랄까? 편집증 같은 것이었다고 할까? 거의 20년 동안 나는 비행공포증에 시달렸다. 비행공포증이 어떤 것인지 알고 있을 것이다. 그것은 말 그대로 비행을 두려워하는 공포증이다. 날 때부터 비행을 두려워하는 사람들이 있다. 군인 가족이었던 우리에게 비행기 여행은 아버지의 부대 배치에 따른 피할 수 없는 일이었다. 우리 가족에게 이사는 생활의 일부분이었다. 운명적이었던 어느 여름날 이전까지는 나 역시 비행을 두려워하지 않았다. 비행공포증이 나를 덮쳐 왔던 순간은 1977년 8월 16일. 엘비스 프레슬리가 죽은 날이었다.

지역 경찰과 작은 충돌이 있은 후 며칠이 지나 엘비스는 자신의 대저택에서 바닥에 웅크린 채 숨을 거두었다. 나는 그때 이전까지 경험해 보지 못했던, 엄청난 두려움 속에 빠져 있었다.

나는 이 두려움에 대해 오랜 시간 고민했다. 특히 비행기를 타지도 못하고, 탈 수도 없었던 시간 내내 고민해 보았지만, 정확히 엘비스 죽음에 관한 무엇이 내 안에 그토록 서늘한 두려움을 불러 일으켰는지에 대해선 결코 설명할 수가 없었다. 남부에서 자란 나는 자연스럽게 세상의 질서가 하나님의 뜻과 엘비스에게 달려 있다고 생각했었다. 엘비스의 아내 프리실라가 그를 떠났을 때 나는 망연자실했다. 점점 살이 쪄가는 엘비스를 나는 조금도 원망하지 않았다. 흥청망청하는 엘비스를 충분히 이해할 수 있었다. 당시 그가 약물중독으로 심각한 문제에 처해 있음을 알고 있는 사람은 없었다. 연예 잡지나 연예 전문 텔레비전이 없던 당시에는 연예인들과 정치인들 모두 공적 생활과 사적 생활을 즐길 수 있었다.

엘비스가 비행사고로 죽었다면 나의 두려움에 대한 적절한 설명이 되었을 것이다. 하지만 그는 욕실 바닥에서 죽었다. 독자들은 내가 정신배변장애를 앓는 거라고 생각했을 것이다. (이 장애에 대해선 독자들이 직접 찾아보시라.)

공포증은 본질상 비이성적이다. 만일 이성만을 가지고 우리의 공포증을 치료할 수 있다면 약국에서 줄을 서서 기다리느니 현관문 앞에 나와 앉아 있는 것이 더 낫다. 현관문 앞에 앉는 것은 중요하다. 그래야 사람들이 가장 쉽게 당신의 생각이 잘못되었다는 것을 지적해 줄 수 있기 때문이다. 어떤 사람들은 이런 식으로 말한다. "쟤 바보 아냐?" "어쩜 생각하는 게 그렇게 낡아빠졌니?" 아니면 매우 사랑스럽게 웃으며 이렇게 말할 수도 있다. "불쌍해서 어째. 머리가 정상이 아니니 말이야."

사실이었다. 엘비스가 죽은 이후로 내 머릿속은 정상이 아니었다. 집에서 그렇게 멀지만 않았더라면 그리고 집으로 가는 길이라곤 시카고에서 비행기를 타는 것밖에 없는 상황이 아니었다면 내 비행공포증은 그 정도로 끔찍하지 않았을 것이다. 나는 바로 그날 밤부터 기도하기 시작했다. 엘비스를 위해. 프리실라를 위해. 그리고 두 사람의 딸인 불쌍한 리사를 위해. 멤피스의 모든 사람들을 위해. 그리고 나를 집으로 데려다 줄 그 크고 오래된 여객기를 조종할 비행기 조종사를 위해서도.

"오, 하나님, 저를 집으로 무사히 돌아가게 해 주신다면, 앞으로 다시는 비행기를 타지 않겠습니다."

난생처음 나는 "쉬지 않고 기도한다"는 말의 의미를 이해했다. 독수리의 발톱에서 떨어지는 먼지처럼 나를 태운 비행기가 하늘에서 떨어지는 모습을 나는 계속 상상했다. 찰나의 순간, 툭! 모든 게 사라졌다. 흙에서 흙으로. 재에서 재로.

죽은 후에 내게 무슨 일이 일어날지에 대한 염려는 없었다. 진주로 된 천국 문 앞에서 엘비스가 "주님, 내 손을 꼭 잡고 가소서"라는 찬송을 부르며 나를 반겨 주리라고 나는 확신했다. 내가 죽도록 두려웠던 것은 그곳까지 가는 과정이었다.

그때 기도 응답을 받지 못했더라면 나는 여전히 어딘가에서 숨어 지내고 있었을 것이다. 하나님은 내가 비행기에 올라 집으로 향할 수 있도록 은혜를 베풀어 주셨다. 그뿐 아니라 옆자리에 어느 기독교 대학교로 향하는 젊은 여학생도 붙여 주셨다. 나는 그녀의 존재를 기적으로 받아들였다. 그녀는 엘비스의 죽음에 대해서는 관심도 없었다. 시애틀 출신이거나 지미 헨드릭스의 팬이었을 것이다.

나는 약속을 지켰다. 나는 비행기 타는 걸 거부했다. 나는 하나님과 거래를 했다고 사람들에게 농담처럼 이야기했다. 내가 비행기를 타지 않는 한 하나님은 내가 비행기 추락 사고로 죽지 않도록 해 주셔야 했다. 비행이 그렇게 큰 문제는 아니었다. 나는 네 아이를 키우고 있었다. 내겐 거치적거리는 아이 없이 화장실을 가는 것도 쉽지가 않았다. 그런데 페어호프나 앨라배마 같은 곳으로의 여행이라니 어림없었다. 하지만 그 와중에도 나는 꼭 비행기가 관련된 악몽을 꾸었고 그 두려움에 심장이 뛰고 뱃속이 꼬여 한밤중에 잠에서 깬 적도 여러 번 있었다. 내 인생에서 이보다 나를 더 두렵게 했던 것은 없었다. 나는 내 두려움을 합리화시키려고도 했다. 하지만 다른 사람이 아닌 나 자신을 속이려는 시도는 썩 성공적이지도 않았다.

1993년 나는 첫 책 집필을 시작했다. 나는 그 작업을 위해 내가 사는 오레건 주에서 고향인 조지아 주로 여행을 다녀와야 했다. 그 작업에 나는 열정적이었지만 하나님과의 약속을 깨고 싶은 의도는 없었다. 나의 맹세는 진지했고 하나님의 화를 돋우는 위험을 감수

하고 싶지도 않았다.

나는 기차에 올라탔고 나흘 동안 미국의 경치를 보며 여행을 했다. 시속 150km로 달리는 기차 안에서야 어떤 경치도 그다지 아름다워 보이지 않았지만. 그런데 돌아오는 길에 보이시에 도착할 즈음 비행공포증만큼이나 끔찍한 공중화장실 공포증이 찾아왔다. 나는 하나님과 다시 거래를 시작했다. "이 기차에서 저를 내려 주시면 비행공포증을 극복하겠습니다."

하나님은 나를 그 끔찍한 기차에서 내려 주셨고 나는 비행공포증을 극복했다.

사람을 정기적으로 무력하게 만드는 두려움과 싸우는 것은 작은 일이 아니다. 하지만 오리건으로 돌아오고 얼마 지나지 않아 나는 지금이 하나님과 내가 현관문 앞에 자리를 잡고 앉아야 할 때라는 사실을 깨달았다. 나는 지난 번 여행 중에 구입한 흔들의자에 앉았다. 그리고 내게 태도의 전환이 얼마나 필요한지 설명하시는 하나님의 음성에 귀를 기울였다.

발을 현관 난간에 올려놓고는 흔들의자를 앞뒤로 흔들면서 나는 기도했다. 그 기도에서 가장 기억에 남는 것은 내 남은 인생에 두 갈래의 길이 있다는 깨달음이다. 두려움의 길이냐 믿음의 길이냐.

나는 '어린양의 보혈'을 믿는 그리스도인이었지만 믿음의 사람은 아니었다. 하나님에 대한 올바른 생각을 청산유수로 늘어놓을 수는 있었지만 정작 하나님과 올바른 관계를 맺고 있지는 않았다. 나는 말할 수 없이 수많은 두려움과 한두 가지 공포증에 사로잡힌 사람이었다. 나는 아이들의 안전을 위해 마당에 울타리를 쳐놓고 아이들이 그 울타리마저 넘을까 두려워 다른 울타리를 하나 더 치고 또 하나 더 치고, 결국은 누구도 드나들지 못할 때까지 겹겹이 울타리를 쌓는 사람이었다.

두려움은 나의 세계를 점점 작게 만들고 있었다. 이대로 내버려 둔다면 나는 두려움의 포로가 될 것이 분명했다. 그날부터 나는 하나님께 나를 믿음의 여인으로 만들어 달라고 기도하기 시작했다. 내 제한된 상상의 한계를 뛰어넘어 하나님의 영광으로 들어갈 용기를 달라고 창조주께 간구했다.

벤츠 승용차도 부탁했던 것 같다. 나 자신을 둘러쌌던 두려움을 포기하도록 만드는 일은 쉽지 않았다.

⚜

어릴 적 나는 전쟁으로 아버지를 잃었다. 베트남의 이아 드랑 계곡에서 아버지는 돌아가셨다. 중학교 졸업이 학력의 전부였던 엄마는 당시 스물아홉 살이었다. 군에서 나온 사망 보험금은 세 명의 아이들을 돌보기에는 충분하지 않은 금액이었다. 당시 오빠 프랭키는 열두 살, 동생 린다는 일곱 살, 나는 아홉 살이었다.

모든 것이 변했다. 우리는 더 이상 군기지에서 살 수도 없었고 군기지 내에 있는 학교를 다닐 수도 없었다. 군대에서의 삶이 우리가 아는 전부였는데 더 이상 우리에게 그런 삶은 없었다. 아버지의 부대 배치도 없었다. 저녁을 먹기 위해 아버지가 집에 들어오시기를, 훈련에서 돌아오시기를 기다릴 필요도 없었다. 아버지는 영영 집으로 돌아오지 않으실 것이다. 게다가 어머니가 일을 시작하시면서는 어머니가 집에 계신 날도 드물었다.

우리 가족의 둥지는 높은 나무에서 떨어졌고 우리 모두는 날개가 꺾인 새들처럼 겁에 질려 있었다. 반긴 적이 없는데도 불안은 늘 나와 함께하는 가장 오랜 친구가 되었다. 엄마가 오빠를 사관학교로 보낸 뒤 집안에서 가장 큰아이가 된 후 나의 두려움은 극도로 심해졌다.

엄마는 돈을 벌기 위해 거의 매일같이 밤에 집을 비웠고, 나는 몇 평 안 되는 이동식 주택에서의 탈출로를 고안해 냈다. 머리를 복도로 내밀고 나는 내 방 바닥에 누웠다. 침입자가 앞문으로 들어올 경우 동생을 데리고 뒷문으로 도망칠 시간을 벌기 위해서였다. 뒷문으로 들어온다면 앞문으로 도망칠 셈이었다. 침입자가 분명 있을 거라고 확신하며 나는 딱딱한 바닥에 누워 잠을 자지도 않고 경계를 서고 있었다. 엄마가 집에 있는 밤에는 엄마가 잠이 들 때까지 기다렸다가 엄마의 침대 옆 바닥에 웅크리고 누웠다. 엄마와 함께 있을 때에는 다른 어떤 곳에서도 느낄 수 없는 평안이 느껴졌다.

나는 9·11 테러 이후 미국인들이 이런 모습으로 살아 왔다고 생각한다. 복도 저편에 몸을 숨긴 침입자를 생각하면서 사방으로 고개를 돌려가며 극도의 경계상태에서 살아 왔을 것이다. 그러니 늘 우리가 그토록 피로감을 느끼는 것도 당연한 일 아닐까? 두려움의 영이 우리의 잠을 방해하고 대낮에도 우리를 놀라게 한다. 두려움은 우리가 침묵 속에서 몸을 웅크리게 하고 또 우리의 늘어진 마음을 더욱 더디게 하는 역할을 한다.

우리나라, 아니 우리 세계에는 몸을 웅크리고 쉴 안전한 장소가 절대적으로 필요하다. 하지만 그러기 위해서 우리는 먼저 무엇이 더욱 큰 위협인지를 깨달아야 한다. 상상 속 침입자? 아니면 우리가 밤이면 깔고 눕고, 낮이면 손을 잡고 어울리는 우리의 두려움? 상상 속 위협과 실제의 위협은 어떻게 구분할 수 있을까? 또 구분을 하더라도 믿음의 사람들로서 우리는 어떻게 반응해야 할까? 깊은 물에서 허우적대든, 늑대 인간을 피해 움츠리든, 우리의 반응은 똑같아야 하지 않을까? 우리는 우리의 아버지에게 도움을 요청해야 하지 않겠는가!

{ 4 }
사랑, 길을 벗어나다

몇 년 전 한 지인이 출산 과정에서 딸아이를 잃었다. 어느 날 오후 커피를 마시면서 나는 그녀에게 믿음을 나눌 기회를 얻었다. 아이를 잃은 이 어머니는 내 이야기를 주의 깊게 듣더니 눈물을 흘리며 이렇게 말했다. "저는 이 구원의 문제를 이해해야만 해요. 그렇지 않으면 저는 딸아이 없이 영원히 지내야 할 테니까요."

그녀의 진심어린 대답이 상투적으로 영적인 말들을 나열하는 무감각에서 나를 흔들어 깨웠다. 자신의 잘못이 아니라지만 이 어머니는 평생 안아보지 못한 딸아이의 죽음을 애도하며 지낼 것이다. 딸아이가 없이 영원히 지내지 않겠다는 그녀의 결심은 단호했다. 그녀는 하나님은 어떤 분인가? 나에게 바라시는 게 무엇인가? 왜 내가, 아니 모든 사람이 하나님을 믿어야 하는가?와 같은 질문들을 집요하게 던졌다.

종교방송에서 떠들어대는 하나님에 대한 말 그 이상의 것, 하나님의 성품, 그녀를 향한 하나님의 뜻을 그녀는 알고 싶어 했다. 그러나 그녀가 가장 알고 싶은 것은, 왜 하나님이 그녀를 배신하셨는지 하는 것이었다.

   내가 처음 공부했던 성경은 「요한계시록」이었다. 나는 고등학교 입학을 앞두고 있었다. 엄마는 고등학교 밴드의 공식 색깔인 파란색 양단과 오렌지 색 침대커버로 내 방을 장식해 주셨다. 다른 학교로 전학을 가기 전까지 오빠가 잠시 다니긴 했지만 그 학교에서 내가 사람은 아무도 없었다. 다른 또래 여자아이들처럼 나는 나의 미래가 두려웠다.

   그리고 그 걱정은 그레이스침례교회에서 주관하는 학생 성경공부 모임에 초대 받으면서 극도로 심해졌다. 나는 여름 내내 거의 혼자 그 교회에 출석하고 있었다. 아버지가 돌아가신 이후 엄마는 교회를 찾지 않았다. 아버지의 전사 소식을 들은 그날, 엄마가 누구를 원망했는지 함께 있던 사람들은 모두 알고 있었다.

   늦은 여름 두 주 동안 교회 학생회는 주립공원의 소나무 아래 마련된 테이블에 모여 성경공부를 했다. 학생회 담당 목사님은 한 장씩 차분하게 「요한계시록」 공부를 인도하셨다. 그 성경공부가 끝난 후 얼마 지나지 않아 나를 괴롭히는 악몽이 시작되었다.

   불면증이 찾아왔다. 종말이 코앞으로 다가왔다는 강렬한 생각이 나를 괴롭혔다. 내 그림자에도 나는 화들짝 놀랐다.

   어느 날 저녁 이동 주택 밖에 있는 적황색 불빛이 어두운 밤하늘을 비추자 우리 식구들은 이웃들과 함께 마당으로 모여들었다.

"저게 뭐지?" 묘한 불빛의 꼬리를 가리키며 엄마가 물었다.

누군가 내 허리를 조이는 듯 뱃속이 당겼다. 그 순간 나는 그리스도의 재림으로 하늘이 갈라지는 장면을 보고 있다고 확신했다. 하지만 목사님이 말씀하셨던 기쁨은 느낄 수가 없었다. 대신 누군가 나를 노려보고 있는 것 같은 오싹한 두려움을 느꼈다.

나의 예상은 빗나갔다. 예수님의 재림 때문에 밤하늘이 열린 것이 아니었다. 너무 오래전 일이라 정확히 기억나지 않지만, 다음날 아침 신문에 따르면 그 현상은 일종의 대기 기체로 인해 발생한 특이한 상황이었다. 하지만 그날 엄마 옆에서 밤하늘을 자세히 살피던 그 순간 내가 느꼈던 공포만큼은 아직도 생생하다.

그해 남은 여름과 그 뒤 몇 년 동안, 나는 황충(메뚜기)을 경계했다. 홀로 말씀을 열심히 공부한 덕이었다.

> 또 황충이 연기 가운데로부터 땅 위에 나오매 그들이 땅에 있는 전갈의 권세와 같은 권세를 받았더라. 그들에게 이르시되 땅의 풀이나 푸른 것이나 각종 수목은 해하지 말고 오직 이마에 하나님의 인침을 받지 아니한 사람들만 해하라 하시더라. 그러나 그들을 죽이지는 못하게 하시고 다섯 달 동안 괴롭게만 하게 하시는데 그 괴롭게 함은 전갈이 사람을 쏠 때에 괴롭게 함과 같더라. 그날에는 사람들이 죽기를 구하여도 얻지 못하고 죽고 싶으나 죽음이 그들을 피하리로다. (요한계시록 9:3-6)

4. 사랑, 길을 벗어나다

이 글을 읽는 사람들 중에는 비웃고 싶은 사람들이 있을 수 있겠지만, 그 공포와 직접 싸우고 있는 사람에게 이러한 공포는 절대 우스운 것이 아니다. 어린아이들이 「요한복음」 3장 16절을 외우고 "예수 사랑하심은"이라는 찬송을 배우는 이유가 여기에 있다. 세대를 막론하고 주일학교 교사들은 그러한 교훈이 창조주 하나님에 대해 건강한 인식을 심어 주는 데 있어 절대적이라는 사실을 알고 있었다.

이러한 기초적인 진리 대부분을 배우지 못한 채 위험한 세상 속으로 던져진 나는 크리스챤 헤비메탈 그룹 키스KISS의 리드싱어 진 시몬즈를 닮은 하나님을 섬기고 있었다. 믿음을 떠올리면 평안의 근원이 되어 주는 것은 고사하고, 내가 정신을 차리고 똑바로 살지 않으면 무서운 얼굴의 예수님이 벌을 내리실 거라는 생각만 들었다. 나는 하루에도 몇 번씩 강박적으로 내 이마를 확인하곤 했다. 하나님이 인을 쳐 주셨는지, 또 여드름은 얼마나 심해졌는지를 살피기 위해서였다.

하나님에 대한 책들을 읽고 강단의 말씀도 들었지만 나는 하나님을 제대로 알지 못했다. 하나님의 신실하심에 대해 나는 아무것도 알지 못했다. 나를 향한 하나님의 마음에 대해서도.

나는 단순히 하나님을 모자와 고무신을 신고 열심히 일하시며 하늘에서 바쁘게 벌레를 지키시는 분이라고만 생각했다. 빗장을 풀어서 이 땅의 모든 사람들 위로 황충을 풀어 놓을 적절한 때를 기다리시는 분이라고. 그 고뇌에 찬 아이 엄마처럼 나도 창조주께서 나를 언제 배반하실까 전전긍긍하고 있었다.

모자 아래의 하나님을 대면하지 않았더라면 나는 분명 해가 쨍쨍한 날에도 우산 아래에서 몸을 움츠리고 있었을 것이다. 처음에는 매우 조심스럽게, 하지만 점점 용기를 내서 나는 하나님께 다가가 알게 해 달라고 기도했다. 하나님, 제발요. 하나님은 대체 어떤 분이세요?

내가 상상했던 분과는 전혀 다른 분이셔서 얼마나 감사했는지 모른다.

⌘

유치원 시절 그린 그림을 기억해보라. 엄마들은 사람들이 볼 수 있도록 크레파스로 아이가 그린 그림을 냉장고 앞에 붙여 둔다.

"엄마예요, 제가 직접 그렸어요." 형제들은 물론 할머니 할아버지 앞에서 뽐내며 자랑했을 것이다.

할아버지가 흐뭇하게 미소 지으시는 사이, 그림 그리는 재주는 젬병이면서 말버릇은 무례하기 짝이 없는 오빠가 매부리코를 가리키며 큰소리로 웃는다.

"엄마를 오즈의 마법사에나 나오는 마녀처럼 그려 놓았잖아."

"아니야!" 저항을 해 본다. 하지만 다시 살펴보니 사실이다. 냉장고에서 그림을 떼어 휴지통에 쑤셔 넣고는 울며 방으로 들어가 버린다. 방으로 들어온 엄마가 옆에 앉아 울지 말라고, 엄마 생각에는 세상에서 가장 잘 그린 그림이라고 위로해준다.

이런 식이다. 하나님은 우리가 하나님의 모습을 있는 그대로 묘사하지 못한다는 사실을 알고 계시지만 그렇다고 성을 내시거나 우리를 나무라지 않으신다. 하나님은 우리 옆에 앉아 우리가 무슨 일을 했는지 깨달을 때까지 우리를 위로하신다.

에릭 셰넌은 하나님을 분노에 찬 오만한 재판관으로 그렸다. 나는 무서운 헤비메탈 가수의 분장을 한 모습으로 하나님을 그렸다. 그리고 내가 기자 시절 만났던 어떤 아버지는 하나님을 정신 나간 기관사로 묘사했다.

어느 해 겨울이었다. 꾸벅꾸벅 졸던 태양은 4시 반을 넘기자 태평양 너머로 기울었다. 내가 「이스트 오레고니안」 편집실을 빠져나오던 5시 즈음 하늘에는 얼룩덜룩한 그림자가 비쳤다. 나는 남편에게 전화를 걸어 늦을 것 같다고 이야기했다. 저녁 인터뷰가 잡혀 있었다.

"전에 기차 사고를 당했던 여자아이 생각나? 오늘 그 아이가 자기 집으로 간대."

마을 주변의 밀밭에는 그루터기만 남아 있었고 그 위로는 서리가 곱게 내려 있었다. 보통 이쪽 길은 겨울의 입김으로 짙은 안개가 끼기 마련인데 이날 밤만은 공기도 길도 깨끗했다. 운전하는 동안 느껴지는 고요함이 좋았다. 엄마이자 기자인 내게는 쉽게 오지 않는 고독의 순간이었다.

치장 벽토를 바른 그 집을 찾기 위해 동네를 두 바퀴나 돌아야 했다. 아치형의 현관과 타일을 얹은 지붕, 상록수로 마무리를 한 마당까지 마치 동화에서 튀어나온 집 같았다. 밖의 불을 켜 둔 것으로 보아 그 집 사람들은 누군가를 기다리고 있는 게 분명했다. 나는 수첩과 두어 자루의 펜을 들고 벽돌로 된 보도 위를 걸었다. 흰 블라우스와 검정색 스커트를 입은 여자 분이 나를 맞았다.

"그이는 아이를 데리러 갔어요." 남편과 양딸을 가리키는 말이었다. "들어오세요."

그녀는 따뜻한 차를 내왔다.

길가 모퉁이에 선 가로등의 노란 불빛이 붉은 빛이 도는 마룻바닥 위로 어슴푸레 비쳤다. 소파의 끄트머리와 나무의자의 등받이 위에는 포도주 색과 금색 술이 달린 장식용 쿠션이 단정하게 놓여 있었다. 커피 테이블 가까운 곳으로는 신발 상자만큼이나 커다란 성경책이 보였다.

두 사람이 돌아오기를 기다리며 짧은 잡담들을 나누었지만 어색함이 맴돌았다. 양어머니는 내게 뒷이야기를 조금 들려주었다. 그녀는 수다스러웠고 자신에 대해 설명을 해야 한다고 느끼는 사람들이 긴장했을 때와 비슷한 모습을 보였다. 한 5분 정도 대화를 나눈 후 나는 그녀가 자신의 관점으로 내가 이 사건을 보아 주기를 바란다는 사실을 눈치 챌 수 있었다. 자밀라의 부모님이 갈라선 것은 자밀라가 열 살 때였다. 구원이 결혼과 연관되어 있다고 믿으며 자라 온 이 아이에게 부모의 이혼은 받아들이기 힘든 문제였다. 이혼 후 얼마의 시간이 지나 자밀라의 아버지는 새로운 아내를 맞아들였고 그때부터 자밀라는 분노에 휩둘려 행동하기 시작했다고 양어머니는 설명했다.

"그때부터 아이가 술을 마시기 시작했어요."

음주는 성관계로 이어졌다. 열일곱 살에 자밀라는 임신을 했다. 그들의 종교 관례상 낙태는 금지였다. 입양 또한 장려되지 않았다. 자밀라는 아들을 낳았고 아버지의 집에서 아이를 키웠다. 이제 어머니가 되었으니 그간 즐겼던 사교생활은 포기하겠지, 사람들은 그렇게 생각했지만 자밀라는 사람들의 기대대로 하지 않았다.

그날 밤 달려오는 기차 앞으로 다가서던 자밀라가 스스로 목숨을 끊으려 했던 건지, 아니면 너무 술에 취해 귀를 찢을 듯한 기적소리를 듣지 못했던 건지 아무도 모른다. 하지만 이유가 무엇이었든 누구도 자밀라가 살 수 있을 거라고 생각하지 않았다. 기찻길 위에 서 있던 그녀를 본 기관사가 브레이크를 밟았지만 기차에 심하게 치인 자밀라는 여러 번을 구르기까지 했다. 그야말로 간신히 목숨을 부지했다. 편집장은 자밀라가 심한 뇌진탕으로 고생하고 있다면서 어쩌면 내 질문에 대답을 하지 못할 수도 있다고 말했다.

자동차의 불빛이 방을 비추었다. 아버지와 딸의 모습이 진입로에 보였다. 8개월간의 긴 치료를 받은 후에 처음 집을 찾는 자밀라였다. 이제 두 살 된 아이를 알아볼 수 있을까? 자밀라가 자신의 아이를 키울 수 있을까?

자밀라의 양어머니는 자밀라를 맞으러 밖으로 나갔다. 가족들만의 시간을 잠시라도 주고 싶어 나는 그대로 자리를 지키고 있었다.

15분이 지났다. 나는 그동안 한 번도 자밀라나 자밀라의 나이 때에 내가 저질렀던 자기 파괴적인 행동을 보이지 않고 잘 자라 준 내 아이들을 떠올리며 감사했다.

결혼생활을 유지해 오긴 했다지만 남편과 나는 별로 칭찬받을 만한 일을 하지 않았다. 다 닳고 헤진 혼인서약을 붙드는 것만이 결혼을 유지하는 유일한 방법인 것처럼 생각되었던 날들이 많았다. 대수롭지 않은 부주의한 행동들로 많은 가정들이 깨지고 있다.

무시된 전화, 함께하지 않는 식탁, 참석하지 못한 아이들의 발표회, 방치된 의견 차이와 같이 지하실에서 쌓여 가는 빨래들, 표현하지 못한 고마움 그리고 문제를 더욱 악화시키는 비난들.

자밀라의 모습이 보이기 전 목소리가 먼저 들렸다.

"아빠, 사랑해요." 그녀가 말했다.

"나도 사랑한단다." 속도를 줄여 문을 지나 소파 옆으로 휠체어를 끌며 아버지는 대답했다. 이미 꽉 차 보이는 거실 바닥으로 휠체어 자국이 짙고 선명하게 새겨졌다. 부엌으로 통하는 아치형 현관은 좁은 복도로 이어졌고 그 뒤로 침실이 보였다. 통로가 좁아서 휠체어가 들어갈 수 있을 것 같지 않았다. 복도로 휠체어를 끌고 들어가지 못하면 아버지가 자밀라를 안아 침실로 데려갈 것인지 궁금했다.

자밀라의 어두운 밤색 머리칼은 더벅머리로 짧게 잘려 있었다. 마치 어느 날 밤 자밀라의 아이가 엄마가 잠든 사이 가위로 장난을 친 것처럼 보였다. 하지만 그것은 수술을 위해 머리를 밀었기 때문이라는 것을 나는 알고 있었다.

자밀라의 피부는 풀 반죽처럼 희었다. 그나마 왜소한 체격은 알파벳 C자와 같은 모양으로 굽어 있었다. 팔을 움직일 수는 있었지만 손가락은 안으로 굽어 있었다.

"집으로 돌아온 걸 환영해, 자밀라." 나는 말했다.

자밀라는 미소를 지었고 그 미소에는 술을 입에 대기 전, 아이를 낳고 누군가의 딸에서 어머니로 변하기 전, 이른바 친구들이 손뼉을 치며 "그래, 그거야, 자밀라!" 외치는 맞장구에 무분별한 행동을 일삼기 전, 기차 사고를 당하기 전의 건강했던 소녀 자밀라의 모습이 비쳤다.

자밀라의 아버지는 뒷주머니에서 손수건을 꺼내 이마의 땀을 닦았다. 호리호리한 체격에 금테 안경을 쓰고 머리는 희고 성격은 급한 편이었는데, 주로 군 생활을 했거나 권위적인 아버지 밑에서 자란 남자들에게 나타나는 일반적인 모습이었다.

그는 등받이가 꼿꼿한 의자를 딸 옆으로 끌어당겨 앉았다. 나는 일인용 소파 끝에 걸터앉았다. 자밀라의 아이는 엄마를 비스듬히 지나더니 우리도 지나쳐 할머니의 품으로 달려갔다.

"아빠, 사랑해요." 자밀라는 큰 소리로 말했다.

"아빠도." 그는 대답했다.

"힘들지 않으세요?" 나는 그에게 물었다.

"힘들다니요?"

"그러니까 따님의 이런 모습을 보는 게요."

안경 위치를 콧등 위로 바로잡으며 그는 환하게 웃었다. "아니요, 이전의 어여쁜 딸을 되찾은 거 같아 기쁘기만 한 걸요."

"하지만, 그래도…." 나는 적절한 질문을 찾으려 애를 썼다. "사고 이전의 자밀라가 그립지 않으세요?"

"전혀요." 그는 손을 뻗어 안으로 굽은 딸아이의 손을 잡아 쥐고는 대답했다. 새된 소리로 자밀라가 계속해서 말했다. "아빠, 사랑해요. 아빠, 사랑해요." 모이를 기다리는 배고픈 앵무새처럼 그 말을 계속 반복했다. 자밀라의 아버지는 가끔 대답했다. "아빠도 자밀라를 사랑해."

"저는 자밀라의 반항을 멈추게 해 줄 무언가를 보내 달라고 하나님께 기도하고 있었어요. 다만 그게 기차일 줄은 몰랐지요." 그는 이렇게 대답했다.

그의 대답에는 어울리지 않아 보이는 확신의 미소가 딸려 왔다. 자신을 신뢰하는 고객에게 막 고물 중고 자동차를 팔아넘기려는 부정직한 판매 사원이 지을 것 같은 미소였다.

나는 자리를 고쳐 앉았다. 뒷목의 솜털이 소나무 이파리 끝처럼 뾰족하게 섰다. 펜을 꼬옥 쥐고 빠른 숨을 들이시고는 그의 이런 침착함이 어디에서 온 걸까 생각해 보았다.

"그러니까 아버님은 이 사고가 기도의 응답이라고 생각하시는 건가요?" 나는 침착하고 초연한 목소리를 유지하려고 애쓰며 다시 물었다.

"그럼요. 그 사고는 자밀라를 멈추시려는 하나님의 방법이었지요." 그는 자신 있게 말했다.

속에서부터 끓어 올라오는 반발을 나는 애써 삼켰다. 이 아버지는 정말로 하나님이 하늘의 거대한 보좌에서 몸을 일으켜, 단순히 자밀라의 반항을 멈추기 위해 그분의 거대한 손을 휘두른 것이라고, 그렇게 자밀라에게 한 방 먹이신 거라고 생각하는 걸까? 누가 그런 하나님을 섬기려고 할까? 그리고 왜, 도대체 어느 부모가 고통주기를 즐거워하는 창조주에게 자신의 자녀를 맡기려고 할까? 나는 용기를 내어 묻지 않았다. 그럴 필요도 없었다. 그가 설명하고 싶어 안달이었으니까.

"사고 이전 자밀라는 너무나도 반항적이었고 분노로 가득했죠.

4. 사랑, 길을 벗어나다 ··· 57

저는 하나님께 이전의 사랑스런 딸을 돌려달라고 기도했어요. 하나님은 그 기도를 들어주셨어요." 그는 말했다.

"아빠, 사랑해요." 그날 밤만 해도 몇 번째인지 모를 자밀라의 고백을 들으며 그 애가 꼭 말하는 인형처럼 보인다는 냉소적인 생각을 했다.

"아빠도 사랑해." 그는 대답했다.

그날 운전해서 집으로 돌아오는 길에, 나는 자밀라의 반항이든 술기운이든, 둘 모두가 이유였든, 자밀라가 그 기찻길 위로 올라서던 밤 잃어버린 자밀라의 자립심을 애도하며 눈물을 흘렸다. 이전에는 치열하게 싸웠지만 이제 그녀는 더 이상 싸울 수 없었다. 남은 것이라곤 이전 성마른 소녀의 빈껍데기뿐이다. 자기 자신의 의지라고는 찾아 볼 수 없는 소녀.

예전에 내 모습도 그랬다. 고집 세고 건방진 나는 나를 길들이려는 사람이 누구든지 그에게 반항할 준비가 되어 있었다. 자밀라처럼 나도 분노했다. 전쟁에서 죽은 아버지와의 사귐을 갈망하는 길 잃은 소녀들 중 나도 한 사람이었다.

나는 예수님을 알았다. 개인적으로 그분을 알았다. 그분은 신선한 건초 안에 얌전하게 누워 있는 아기 예수였다. 유리로 만들어진 바다를 걷듯 물 위를 걸으셨던 마법사였다. 그리고 도망쳤다 붙잡혀 온 노예처럼 옷이 벗겨진 채 매를 맞으신, 범죄자 취급을 받았지만 죄가 없는 분이셨다.

그래서 그게 어떻다고?

부모를 잃어 본 아이라면, 아이를 잃어 본 부모라면 장래에 예스

님과 함께한다는 영원의 약속이 바로 지금 이곳에서 느끼는 외로움을 해결하지 못한다는 사실을 안다.

미국 역사에 대대로 오점을 남긴 무의미한 전쟁에서 내 아버지가 돌아가셨다고 사람들에게 이야기할 때, 나는 자밀라의 아버지처럼 확신에 찬 미소를 짓지 못한다. 그 이야기가 나를 깊은 슬픔에 잠기게 만들기 때문이다. 나는 아버지가 아직도 그립다.

자밀라의 집에서 돌아오던 그날 밤 어떤 기도를 드렸는지는 정확히 기억나지 않는다. 하지만 내가 알게 된 나의 하나님이 지난 모든 추하고 불완전한 외로움에도 불구하고 계속해서 나를 사랑해 주셨다는 사실에 느꼈던 압도적인 감사만큼은 분명히 기억이 난다. 하나님은 한 번도 내게 그 외로움을 이겨내라 강요하지 않으셨다. 하나님은 한 번도 나의 거친 행동들을 기뻐하지 않으셨지만 그 때문에 나를 내리치지도 않으셨다.

성난 어린 소녀였을 때에도 나는, 하나님은 내게서 공허한 기계적 헌신을 원하지 않으신다는 사실을 알고 있었다. 폭풍우 치는 바다를 잔잔하게 하실 수 있는 마법사 그리스도를 따라 걷고 싶었지만 피 흘리고 멍든 분을 따르고 싶지는 않았다. 그런 범죄자와 같은 모습은 나를 두렵게 했다.

시간이 지나 내가 그분을 완전히 잘못 그려 왔다는 사실을 깨닫기 전까지 나는 그분을 매부리코와 뾰족한 이빨 그리고 냉소적 웃음을 가진 사람처럼 그렸다. 나는 그분을 영화 「배트맨」에 나오는 악당 조커로 만들어 왔다. 마치 나를 해치는 것이 그분의 유일한 의도인 것처럼.

하지만 훌륭한 어머니처럼 하나님은 내가 가장 흥분했을 때에도 내 옆자리를 지켜 주셨다. 나를 위로하고 나의 손을 잡아 주셨다. 필요할 때면 나를 깨끗이 씻겨 주기도 하셨다. 그리고 내게 노래도 불러 주셨는데, 술 취한 소방관들이 축제를 벌일 때에나 흥얼거릴 법한 명랑하고 떠들썩한 곡조의 노래들이었다. 하나님은 내게 기이한 이야기들은 물론 내가 사랑하게 된 사람들의 재미있고 유쾌한 이야기들도 들려 주셨다. 그들 역시 나처럼 부족한 점이 많은 사람들이었기 때문이다. 그들의 삶은 엉망진창이었다. 그래도 하나님은 마법의 지팡이를 들고 그들을 고치지 않으셨다. 하나님은 그저 그들을 사랑하셨다. 나를 사랑하신 것처럼.

그중에서도 가장 좋은 것은 하나님이 나의 고집스러운 방법까지도 사랑하셨다는 사실이다. 나를 열정적인 감정과 두서없는 행동에 사로잡힌 사람으로 지으신 분도 결국 하나님 자신이 아니시던가. 하나님은 엄마처럼 나를 사랑하시고 아버지가 사랑하듯이 나를 사랑하셨다.

물막이 판자로 지은 집을 막 지나쳤을 때 순간적으로 찾아온 깨달음을 나는 기억한다. 자밀라의 아버지는 틀렸다. 그의 딸을 거세게 밀어붙이시려고 하나님이 그 기차를 보내신 것이 아니었다. 사람들은 매일같이 판단 착오를 범한다. 나도 그렇다. 이 글을 읽는 사람들도 그렇다. 때로 그러한 착오들은 제한 속도가 시속 60km인 지역에서 70km로 달리다가 딱지를 끊었을 때와 같은 번거로움처럼 대수롭지 않은 일들이다. 하지만 어떤 경우에는 코너를 너무 빨리 돌다가 도로를 이탈하고 전신주를 들이받는 심각한 수준일 수도 있다. 그리고 그 와중에 척추가 상하거나 목이 부러지는 사고처럼 완전히 인생이 바뀌는 경우도 있다.

하지만 그것은 우리가 속도를 늦추도록 일부러 강제적인 수단을 쓰시는 하나님의 방법이 아니다. 그런 일들은 단순히 우리 자신의 서투른 의사결정의 결과일 뿐이다.

물론 세상에서 일어나는 모든 잘못된 일에 대해 간단히 하나님을 비난하는 것은 훨씬 자연스런 반응이다. 왜 브레이크를 밟아 주지 않으셨을까? 왜 아이의 목을 감고 있던 탯줄을 풀어 주지 않으셨을까? 왜 곡사포를 그 막사에서 틀어 주지 않으셨을까? 왜 폭풍을 막아주지 않으셨을까?

내가 아버지의 죽음을 두고 나 자신을 비난한 것처럼 자밀라는 자기 부모의 이혼을 두고 자신을 비난했을 것이다. 내가 더 좋은 딸이었더라면, 내가 엄마의 일손을 더 도왔더라면, 아빠에게 말대꾸도 하지 않고 스트레스도 주지 않았더라면, 내가 아예 태어나지 않았더라면, 내가 사라진다면 아마 모두가 더 행복해질 거야.

두려움과 징벌의 가치관 위에 세워진 믿음 속에서 자랐으니 자신이 하나님께 어떤 가치가 있는 사람인지 자밀라는 결코 이해하지 못했을 것이다. 자밀라의 아버지는 하나님이 자밀라에게 교훈을 주시고 자밀라의 고집스런 행동에 급정거를 걸기 위해 기차로 그 아이를 다치게 하셨다고 믿고 있다. 그녀의 아버지가 딸보다 더욱 불구였던 것은 아닐까?

그는 하나님이 절대로 자밀라의 상한 마음을 치료하실 수가 없는 분일까 봐 두려웠던 것일까? 그래서 차라리 그녀의 영혼을 잘

라내고 그녀의 의지를 절단해 버리셨다고 생각하는 편이 낫다고 생각한 걸까? 그것은 믿음이 아니다. 절망이라는 난도질당한 마음일 뿐이다.

아브라함의 하나님은 학살할 영혼들을 찾아 헤매는 정신 나간 기관사가 아니다. 그분은 우리가 똑바로 걸을 때에는 옆에서 손뼉을 치며 "잘하고 있구나!" 응원을 해 주시지만, 비틀거릴 때에는 "네가 지금 무슨 행동을 하고 있는지 한 번 '생각' 해 봐!" 하고 지도해 주는 코치와 같다.

모든 것을 창조하신 하나님이 원하기만 하셨다면 자밀라처럼 5분마다 그분에게 사랑을 고백하는 사람들로 이 세상을 채우실 수도 있었을 것이다. 그러나 그분은 그렇게 하지 않으셨다. 하나님은 오직 정직한 예배를 원하시는 선한 마음의 연인이시다. 우리가 깨어지면 그분도 마음이 깨어진다. 우리가 승리하면 그분도 승리하신다. 하나님은 우리를 의자에 묶어 자기 뜻을 억지로 실행하게 하는 포로로 만들지 않으셨다. 하지만 우리가 그분과 잠시라도 함께 앉기로 선택할 때 그분의 마음은 기쁨으로 약동한다.

믿음의 삶을 산다는 것은 간단한 일이 아니다. 우리는 이전 어느 때보다도 진지하게 생각해야 한다. 그것은 우리의 결정이 크든지 작든지, 우리 자신과 자녀들 그리고 인류에게 영원한 의미를 지니기 때문이다.

하나님이 우리를 배신하지는 않으실까, 또 황충을 우리 머리 위에 풀어 놓으면 어쩌지 하는 걱정을 멈추는 것은 하나님을 진실로 아는 것에 달려 있다. 왜냐하면 우리가 하나님을 안다는 것은, 우리가 누구인지, 우리가 무엇을 했고 또 하지 않았는지에 모든 것이 달려 있지 않다는 사실을 우리가 이해한다는 뜻이기 때문이다. 이 모든 것은 하나님이 누구시고, 그분이 이미 어떤 일을 이루셨는지에 달려 있다.

그리고 때로 그러한 깨달음은 가장 어두운 밤, 지난 계절의 그루터기 위로 하얗게 내린 서리만 보이는 밤에 찾아온다.

{5} 확신의 종교

이 글을 타이핑하는 동안 전화벨이 계속 울리고 있다. 한 병든 친구의 곤란한 행동 때문에 내 삶의 구석구석, 모든 방면의 사람들이 흥분한 상태다. 솔직히 걱정이 되기는 나도 마찬가지다. 친구가 암에 걸렸다. 의사들은 그 친구에게 몇 달에서 길게는 2년밖에 남지 않았다는 사형선고를 내린 상태다. 그는 지금 집에 있는데, 자신 스스로 하나님의 손길을 서두르게 하기로 결정하지 않을까 싶어 걱정이다.

오늘 아침 친구와 이야기를 했을 때만해도 내 친구는 괜찮아 보였다. 치료를 받던 병원에서 일찍 퇴원한 이유는 해야 할 일이 있기 때문이라고 말했다. 그 당시 그의 말은 평범하게 들렸다. 입원해 두 달을 보냈다면 나라도 해야 할 일들이 잔뜩 밀려 있을 테지만 그가 마음에 두고 있는 일이 어떤 일인지 나는 알지 못했다.

내 친구는 누군가 자신을 죽이려 한다고 확신하고 있는 듯했다. 그는 편집증을 앓고 있었다. 결코 가벼운 편이라고 할 수 없는, 사나운 바람과 같이 거센 그 편집증 덕에 모든 친절한 이웃이 도둑질하는 침입자로 돌변해 버렸다. 그런 반응을 보인 데는 건강 문제도 있었겠지만 원인이 뭐가 그리 중요하겠는가. 그것에 대해 그의 가족이자 친구인 우리는 무엇을 해야 할지 고민했다. 우리는 이야기를 나누고 기도하면서 우리 자신의 지혜보다 뛰어난 지혜를 구하고 있었다.

두려움을 정의하는 말 중에 '실제처럼 보이는 거짓'이라는 오래된 표현이 있다. 편집증은 단순한 두려움을 훨씬 넘어선다. 편집증 환자에게는 이성이 통하지 않는다. 그렇다고 그 사람이 악하다는 말은 아니다. 그는 질병을 앓는 환자일 뿐이다. 하지만 그 질병은 그가 자신이나 다른 사람들에게 끔찍한 행동을 하도록 부추긴다.

이것이 버지니아 공대와 콜럼바인 고등학교에서와 같은 총기 사건을 경험하게 된 이유이기도 하다.

감사한 것은 편집증을 태어날 때부터 가지는 사람은 없다는 것이다. 그러나 이 사실은 우리가 우리의 비이성적인 행동들을 변호하지 못하게 만든다. 거짓된 인식 위에 자신의 인생을 만들어 가는 사람들은 비단 편집증적인 반응을 보이는 사람들뿐만이 아니다. 작든 크든 모든 사람이 그런 경향을 가지고 있다.

여성들이 다른 어떤 건강의 위협보다 유방암을 가장 두려워한다는 보고가 있지만, 통계만 놓고 보자면 더욱 큰 위협이 되는 것은 심혈관 질병과 폐암이다. 한 해에 유방암으로 사망하는 여성은 스물다섯 명 중 한 명이지만 두 명 중 한 명이 심장병으로 사망한다. 그런데 왜 우리는 유방암을 더 두려워하는 걸까?

의료계와 방송 전문가들의 의도적인 반복 때문이다. 이 분야의 전문가들은 이 질병의 참혹한 피해를 막고자 최선을 다했고, 이러한 계몽운동은 큰 성과를 거두었다. 이제 유방암 같은 건 무시해도 좋다는 말이 아니다. 적신호를 무시한다면 바보 같은 짓이다. 하지만 적절한 관점을 유지해야 하고, 동시에 심장과 폐에 관련한 엄연한 사실들도 간과해선 안 된다.

우리가 의사들과 하나님께 필요한 질문들을 물을 수 있도록 우리는 스스로 더 잘 배워야 한다.

의심 많은 도마를 기억하는가? "예수님을 봤다고? 그럴 리가. 정신 차려! 머리가 어떻게 된 거 아니니? 예수님은 손에 구멍이 나셨지만 너는 머리에 구멍이 났나 보구나. 내 이 두 눈으로 보기 전까지는 나는 못 믿어!" 이렇게 몇 가지 지적인 질문들을 감히 물었다가 그는 얼마나 억울한 누명을 뒤집어썼는지.

나는 왜 도마가 모든 것들에 대해 그렇게 까다롭게 굴었는지를 이해한다. 언젠가 자신이 영매靈媒라고 소개한 어떤 여자를 인터뷰한 적이 있는데 그녀는 죽은 남편이 계속 말을 걸어온다고 주장했다. 남편이 계속해서 말을 걸어오든 그렇지 않든, 나는 관심이 없다. 하지만 그 영매와 인터뷰를 하다 보니 왜 도마가 부활하신 주님의 상처들을 보여 달라고 요청했는지 이해할 수 있을 것 같았다.

죽은 사람이 말을 걸어오거나, 살아난 것을 보았다고 말하는 사람을 만나면, 나 역시 도마처럼 까다로운 질문을 던질 것이다. 사람들의 주장처럼 단순히 그러한 질문 때문에 내가 의심 많고 반항적이며 믿음이 부족한 사람이 되는 것은 아니다.

기독교 전통에서 자란 대부분의 사람들은 "그렇게 말씀하셨으니까"라는 말로 모든 게 해결되는 분위기 속에서 자랐다. "안식일에는 자전거를 타서도, 바지를 다림질해서도 안 돼. 아버지가 그렇게 말씀하셨으니까! 토요일에는 친구들 집에서 잘 수 없어. 어머니가 그렇게 말씀하셨으니까! 술은 입에 대서도 안 돼. 성경이 그렇게 말씀하셨으니까!"

신실한 그리스도인 여성들은 치마만 입어야 했는데 여자가 바지를 입으면 안 되었기 때문이다. 말도 안 되는 이런 모든 규칙들에는 물론 복잡한 설명이 있었겠지만 나는 한 번도 "왜?"라고 묻지 않았다. 전례로 보아 어른들에게 질문을 한다는 것은 무례하거나 '말대꾸' 혹은 '의심 많은 도마'와 같은 행동으로 취급되었기 때문이었다.

도마의 이야기를 서술하던 복음서 저자는 "보지 못하고 믿는 자들은 복되도다."라고 하신 예수님의 말씀을 강조한다. 하지만 그 저자는 보이는 대로 받아들이는 것의 위험에 대해서는 설명하지 않는다. 믿음 하나만을 의지하는 것은 사람을 소만큼이나 바보처럼 만들 수 있다.

커다란 눈을 가진 소는 거의 모든 방향의 시야를 볼 수 있다. 하지만 그러한 능력도 위협을 감지하는 데는 거의 쓸모가 없다. 소에겐 거리감이 없기 때문이다. 자기 그림자에도 화들짝 놀라는 것이 소다. 게다가 소들은 색맹이기 때문에 소들의 세상은 온통 무시구시한 그림자로 가득 차 있다.

바로 이런 사람들이 있다. 자신은 아주 넓은 시야를 가졌다고 믿지만 사실은 거리감이 부족한 사람들 말이다. 그들의 세상은 온통 흑백뿐이다. 그들은 모든 것 이면에서 무시무시한 그림자를 본다. 그리고 특히 위협을 느낄 때 소처럼 무리를 짓는 경향이 있다.

내가 이런 사람들에 대해 잘 아는 이유는 한때 나 역시 이런 무리에 속해 있었기 때문이다. 나는 악하거나 무지한 사람이 아니었다. 다만 이 무리 밖 다른 사람들보다 내가 더 나은 시야를 가졌다고 생각했다. 우리는 확신의 종교 일원이라는 꼬리표가 붙은, 특별한 부류의 사람들이었다. 우리는 교리 신경에 높은 가치를 두었고 그 가장 선두에는 교리적으로 옳은 것이 가장 중요하다는 믿음이 있었다.

바로 앞 문장으로 돌아가 그 문장을 다시 한 번 읽어 보라. "확신의 종교 일원들은 교리적으로 옳은 것을 가장 중요하게 여긴다."

확신의 종교 제자들은 그 무엇에도 이의를 제기하지 않는다. 그들은 그럴 필요가 없다고 생각한다. 넓은 시야를 가진 덕분에 어떤 것도 볼 수 있다고 믿는다. 그들에겐 자신과 하나님 그리고 하나님의 말씀에 대한 의심이 전혀 없다. 그들은 깜깜할 때라도 망설임 없이 자신이 구원받은 순간을 낭독할 수 있다. 또한 모든 경전, 코란, 인본주의자 선언 등 그것이 무엇이든간에 그들은 자신이 지키는 규칙서를 낭독할 수 있다. 이 사람들이 확실히 아는 것이라면, 그것은 바로 그들 자신의 규칙서의 모든 구절인 것이다.

확신의 종교는 혼합을 금지하지만 진화한 사람에서 덜한 사람까지 그 추종자들의 출신은 매우 다양하다. 만일 모든 사람들이 참여할 수 있는 종교가 있다면 그 종교는 분명 확신의 종교일 것이다. 이 종교에는 차별이 없고, 지역, 교육, 경제, 사회, 정치, 성별, 인종 그리고 나이까지 모든 경계를 허문다.

확신의 종교는 다양한 사람들에게 호소한다. 침례교인과 이슬람교도 모두 이 종교를 실천한다. 자유주의자도 보수주의자도, 동성애자도 이성애자도, 낙태를 찬성하는 사람도 반대하는 사람도, 평화주의자도 테러범도 모두 마찬가지다.

많은 이들이 구원 경험을 가지고 있다고 주장하지만 구원이 이 종교의 필수요소는 아니다. 사실 확신의 종교에는 영적 구성요소가 없다. 긍휼은 물론이고 은혜도 없다. 이 종교가 그 어떤 것도 필요로 하지 않는 이유는, 비록 확신의 종교 추종자들이 종종 환상들을 보았다고 주장하지만, 이 종교를 실천하는 데는 믿음이나 소망이 전혀 상관없기 때문이다.

그들을 행동으로 이끄는 것은 이러한 환상들이다. 이러한 환상 때문에 그들은 선거에 뛰어들고 다른 나라들을 침략하기도 한다. 병원과 학교, 시장을 폭파시키려고 자신의 몸에 폭탄을 두르기도 한다. 그들 자신만큼 확신이 없는 사람들을 저주하는 방송을 내보내기도 한다. 또 적의 형상을 만들어 불태우고 자신들이 추구하는 특정 이념을 받아들이지 않는 모든 사람들에게 전쟁을 선포하기도 한다.

확신의 종교에는 율법과 두려움이라는 든든한 배후가 있다. 그들은 자신들이 대담하고 용맹하며 도전적이라고 생각한다. 그들은 어린아이들과 노인, 가난하고 낙심한 사람들, 힘과 능력이 없는 사람들을 봐 주지 않는다. 고난은 다만 기회일 뿐이다. 고난을 이기지 못하는 사람들에게 화 있을지어다.

그들은 자신들이 '신실하다'고 생각하지만 그건 오산이다. 믿음은 소망하는 것을 실천하는 도구다. 믿음의 사람들은 의심과 싸움을 벌인다. 어떤 것도 의심하지 않는다는 확신의 종교 추종자들과 달리, 믿음의 사람들은 자신들이 모든 정답을 알고 있지는 않다고 기꺼이 인정한다. 확신의 종교 추종자들은 의심을 염두에 두지 않는다. 그들은 자신이 옳다고 믿기 때문에 왜 다른 모든 사람들이 자신의 올바른 길을 깨닫지 못하는지를 이해하지 못한다.

확신의 종교 신봉자들은, 자신을 포함해서 우리 모두를 함께 폭파시키는 것이 자신의 두려움이나 연약함, 깨어짐을 인정하는 것보다 더 낫다고 생각한다. 역사는 이 종교를 신봉했던 지도자들로 넘쳐난다. 히틀러, 스탈린, 김정일, 카스트로, 빈 라덴 그리고 조지 부시의 국정 파트너였던 딕 체니와 같은 사람들이 그 대표적인 예다. 사람들은 이들이 자부심과 확신에 넘친다고 생각했다. 그래서 그들에게 권력을 주었지만 실상 그들은 카리스마적이고 근시안적이었을 뿐이다. 확신의 종교 교리는 오류를 용납하지 않는다. 지혜와 분별은 별 가치가 없다. 신봉자들은 이성적으로 생각할 필요가 없고 다만 언제 무엇을 생각해야 할지를 듣기만 하면 된다.

확신의 종교는 세계에서 가장 빨리 성장하는 종교이기도 하다. 신봉자들은 동네 커피숍이나 미국의 교회들에서 쉽게 찾을 수 있다. 때로 악의가 없는 가장 선한 마음을 가진 사람들도 이 종교의 열렬한 추종자가 되기도 한다.

　몇 년 전 나는 교회에서 가진 식사시간에 어느 젊은 여성을 만났다. 네 아이의 엄마인 그녀는 지난 몇 달 동안 자신이 처한 건강 문제에 대해 설명했다. 그녀의 남편이 실업자였기 때문에 건강 보험 혜택도 적용받을 수 없었다.

　가슴팍에 웅크린 갓난아이를 보듬어 안은 채 그녀는 스파게티를 먹으며, 허리의 통증을 완화시키려 여러 번 다녔다는 척추 치료 병원의 이야기를 들려주었다. 바로 그 주에도 검사가 잡혀 있다는 말에 나는 함께 기도해 주겠다고 말했다.

　검사 결과는 비극적이었다. 유방암이 몸으로 퍼져 척추에까지 이른 상태였다. 목사님은 아이들을 돌보아 줄 지원자를 찾았다. 나와 남편이 다섯 살과 열 살 사이에 있는 큰 아이들 세 명을 맡았다. 그리고 갓난아이는 다른 가정에서 데려갔다. 사랑스런 아이들이 우리 집에 머문 첫 주 동안 아이들의 아버지에게서 온 전화는 단 한 통뿐이었다. 처음에는 의아했지만 점점 악화되어 가는 아내의 병세 때문에, 그가 아내를 돌보는 것 이외에는 아무것도 생각할 수 없다는 사실을 곧 깨달았다. 나는 그들 부부에게 도움이 될 수 있어 기뻤다.

　그럼에도 아이들을 돌보는 것은 수월한 일이 아니었다. 책 마감일이 다가오는 데다가 우리가 맡은 아이들은 학교를 다니지 않고 홈스쿨링을 받는 아이들이었기 때문이었다. 아이들의 부모는 공립학교가 방치된 땅콩 샌드위치에 피는 곰팡이처럼 인간의 타락상이 번져 나가는 사회의 쓰레기장일 뿐이라고 확신했다.

나는 공립학교 선생님과 결혼했고 나 역시 교육학 학위를 가지고 있었다. 그래서 그러한 논쟁에는 익숙했다. 내 남동생 부부만 해도 홈스쿨링으로 여섯 명의 자녀를 훌륭하게 키워 냈다. 그리고 나 역시 아들이 중학생 시절에 홈스쿨링을 받게 했다. 썩 내키지는 않았지만 아들이 원했기 때문이다.

어쨌든 홈스쿨링을 해야 했다. 학습 계획을 짜고 정해진 공부 시간을 지키려 애를 썼지만, 정작 아이들은 그런 시간표에 익숙하지가 않았다. 그리고 나는 그러한 실상에 놀랐다. 아이들을 깨워 옷을 입히고 아침 9시까지 공부할 준비를 마치기는 쉽지 않았다. 그리고 점심 먹기 전까지 아이들에게 공부를 시키기도 힘들었다.

나는 2년 전부터 이 아이들에게는 규칙적인 일상이 없었다는 사실을 알게 되었다. 아이들의 아버지가 실직할 무렵이었다. 아이들은 다른 집을 열한 군데나 떠돌아 다녔다. 목사님은 그 사실을 알고 계셨지만 팀과 내가 아이들을 맡기로 자원했을 때 그것을 언급하지 않으셨다.

아이들의 아버지는 불안감에 시달리느라 일을 꾸준히 할 수 없었던 모양이다. 교회의 장로님들은 그 사실을 아시거나 적어도 짐작하고 있었는데 모두들 그 사실을 함구했던 것이다.

아이들과 함께 지낸 한 달 반 동안 나는 아이들의 조부모님이 같은 동네에 살고 있으며 그들을 돌보아주고 싶어 한다는 사실을 알게 되었다. 그리고 그들의 도움을 거절한 사람이 아이들의 아버지였다는 사실도 알게 되었다. 그는 가톨릭 신자인 자신의 부모님이 '참된 그리스도인'이 아니라고 생각했다. 자녀들을 주님의 뜻대로 기르고 싶어 했던 그는 지나친 열정으로, 자신의 부모님이 아이들에게 선물한 해리 포터 시리즈를 불태우기도 했다. 그런 책들이 위험하다고 확신했기 때문이다.

"마녀랑 악마가 나오잖아요." 딸아이의 설명이었다.

아이들은 그 흔한 야구는 물론이고 다른 어떤 운동 팀에도 들어가지 못했다. 다른 아이들과의 교제는 오직 교회 안에서만 가능했다. 먹는 음식도 제한되었다. 인스턴트 음식도, 흰 설탕도 금지. 흰 밀가루도, 감자까지도 금지였다. 아이들은 햄버거 매장에 가 본 적도 없었다.

아이들을 햄버거 체인점으로 데려가던 그날 이전에는 나도 그 사실을 알지 못했다. 아이들은 서로를 쿡쿡 찌르며 낄낄거리더니 놀이 공간으로 달려갔다. 아이들은 마치 디즈니랜드에라도 와 있는 것처럼 반응했다. 눈이 휘둥그레져서 미끄럼틀과 색색의 공을 쳐다보던 큰아이가 내 팔을 잡아당기며 물었다. "들어가서 놀려면 돈 내야 해요?"

"응?" 질문을 이해하지 못한 내가 되물었다.

"돈을 내야 들어갈 수 있는 거예요? 아니면, 그냥 들어가서 놀아도 괜찮아요?"

"놀고 싶은 만큼 놀아도 괜찮아." 대답하는 내 마음이 찢어지는 것처럼 아팠다. 아이들은 플라스틱 터널을 기어 서로를 좇으며 공으로 가득한 큰 우리 속으로 몸을 던지며 놀았다. 그 한 시간 동안 나는 책을 읽으며 아이들을 기다렸다. 이 아이들의 삶을 가두기 위해 이런 식으로 예수님을 이용하다니 믿을 수가 없었다.

소중한 한 주 한 주가 지나가고 있었다. 아이들 엄마의 건강은 점점 악화되고 있었다. 어릴 적 아버지를 잃은 경험이 있어서일까? 나는 아이들이 악화되는 엄마의 건강에 대해 무엇을 알고 있는지 걱정되었다. 죽음이라는 최악의 경우가 발생할 때 아이들은 어떤 준비가 되었을까? 엄마와의 좋은 추억을 가능한 한 많이 만들 수 있도록 온 가족을 한 지붕 아래로 모으는 것이 좋지 않을까?

아이들을 재우고 난 어느 날 밤, 이런 문제들을 상의하기 위해 목사님께 전화를 걸었다. 전화를 받으신 사모님께 나는 목사님과 통화하고 싶다고 말씀드렸다. 그러나 사모님은 이런 문제는 여자들끼리 상의하는 것이 좋겠다는 목사님의 말씀을 내게 전해 주셨다. 우리에게 아이들을 맡아 줄 수 있는지 물으실 때는 나와 이야기하는 것에 대해 아무런 거리낌이 없으셨는데 이상한 일이다. 아이들이 우리 집에 있는 지금은 이것이 '여자들의 문제'라고 생각하신다고?

나는 기자로 10년을 살아 왔다. 그리고 내 하루 일과의 90%는 남자들과 그들의 문제들을 다루는 것이었다. 하지만 나는 수동적 남성 우월주의가 전통적으로 교회의 여성들을 지배해 왔다는 사실을 알 만큼은 오랫동안 그리스도인으로 살았다. 나이든 여자가 젊은 여자를 가르쳐야 하고 서로간의 대화는 부적절한 관계로 이어질 테니 남자들은 여자들과의 관계를 피해야 한다는 철학. 나는 그러한 난감한 개념이 약간 재미있다는 생각도 들었다.

하지만 내 마음속엔 뭔가 다른 것들이 들어차 있었다. 아이들이 엄마에 대해 물어 올 때 내가 무어라고 대답해야 할지가 내게는 제일 중요한 문제였다.

"하나님이 치료해 주실 거라고 말하세요." 사모님은 다소 무뚝뚝하게 대답하셨다.

"네. 그런데 만약 하나님이 치료해 주지 않으시면요, 그때는 어떡하죠?" 아이들은 엄마가 죽기 전 마지막 몇 주를 우리 집에서 보내고 있었다.

"그런 의심을 하시면 안 됩니다. 아이들에게 엄마가 낫게 될 거라는 메시지 말고 다른 말씀은 하지 마세요." 사모님은 단호하게 대답하셨다.

나는 전화를 끊고 내 방으로 들어가 울었다. 아이들과 어머니, 갓난아이를 생각하며 울었다. 그리고 예수님과 예수님의 이름으로 이 천진난만한 아이들에게 지워진 대가를 생각하며 울었다.

다행히도 교회 장로님들은 그 가족을 하나로 모아야 한다고 의견을 같이하셨다. 그리고 그 가족을 위해 간이 주택을 마련해 주었고, 가장인 아버지를 위해서는 일자리를 구해 주었다. 이 젊은 엄마가 사랑하는 네 아이들을 남겨 두고 세상을 떠났을 때 나는 집에 없었기 때문에 왜 하나님이 사랑하는 엄마를 치료해 주지 않으셨는지에 대해 아이들이 어떤 이야기를 들었는지 알지 못한다.

만약 내가 베스트셀러 『시크릿』(살림 역간)에서 주장하는 소위 끌어당김의 법칙을 믿었다면 이 젊은 엄마의 죽음을 두고 책임을 물어야 할 사람이 많았을 것이다. 먼저는 그녀 자신이다. 그녀가 우주로부터 건강의 기운을 불러냈다면, 그녀는 마땅히 건강을 받아 누릴 수 있었을 것이다. 그녀가 아니라면 남편에게 책임을 물을 수도 있다. 그는 긍정적인 생각의 능력을 올바로 사용했어야 했다. 그랬더라면 우주의 모든 목록을 뒤져 최고의 건강관리 비법을 찾아 낼 수 있었을 것이다. 게다가 치료비용을 감당할 금덩어리까지 은행에 쌓아 두었을 수도 있다.

아니면 그녀를 치료했던 의사들에게도 책임을 물었을 수도 있다. 그들이 끌어당김의 법칙을 알았더라면, 암을 잘라내는 대신 이 젊은 엄마가 머릿속에 날씬한 연예인의 몸매를 상상하도록 도울 수 있었을 테니 말이다. 죽어 가는 모습이 아닌 건강하고 활기 넘치는 모습으로 자신을 보도록 말이다. 그녀가 질병은 그녀의 가슴이 아니라 머릿속에 있다는 사실을 깨닫기만 했더라면 말이다.

어쩌면 나의 잘못은 아니었을까? 내 믿음이 부족했기 때문일지도 모른다. 이 아이들을 마치 어머니를 잃은 아이들처럼 보던 나의 두려움이 어쩌면 죽음의 문을 열어 버린 건지도 모른다.

나는 때로 하나님을 이런 모습으로 그리곤 한다. 머리를 저으며 수염을 만지면서, 영화 「월스트리트」에서 마이클 더글러스가 연기했던 신화적인 금융인이라도 된 것처럼 하나님을 묘사하는 탐욕스런 사람들에게 나지막이 욕설을 퍼붓는 당황한 모습의 노인처럼 말이다.

하나님은 자본주의 마법사가 아니다. 의학의 마법사도 아니다.

C. S. 루이스, A. W. 토저, 오스왈드 챔버스, 필립 얀시, 스콧 맥나이트, 베스 무어, 스토미 오마샨, 조이스 마이어 등 영적 문제에 대해 나보다 훨씬 박식한 다른 많은 작가들의 책을 읽어 보았지만, 여전히 나는 왜 하나님이 어떤 사람은 치료하시고 어떤 사람은 치

료하지 않으시는지 설명할 수가 없다.

　나는 오리건 주 고속도로에서 발생한 52중 충돌사고 현장에 있었다. 그곳에서 젊고 건강한 사람들은 죽고, 반면에 연약하고 나이가 많이 든 사람들은 멀쩡히 살아 나가는 것을 목격했다. 그중에는 암과 여러 가지 다른 질병으로 고통 받고 있던 사람들도 있었다. 그들은 알루미늄 호일처럼 겹겹이 접힌 자동차들 속에서 얼굴에 찰과상과 팔꿈치에 타박상만을 입은 채 멀쩡히 걸어 나오기도 했다. 왜 어떤 사람들은 일찍 죽고, 어떤 사람들은 오래 사는지 나는 잘 모르겠다.

　하지만 내가 기도할 때 하나님이 들으신다는 사실만은 안다. 나의 의심, 두려움, 나의 눈물, 나의 감사, 나의 찬송 그리고 알아들을 수도 설명할 수도 없는 기도까지 하나님은 들으신다. 한 번도 내게 절대로 의심해서는 안 된다고 말씀하신 적도 없다. 또 건강이든 물질이든 대형 평면 텔레비전이든 내 권리를 요구해야 한다고 제안하신 적도 없다. 하나님은 우리가 누구인지, 무엇을 믿는지, 무엇을 요구하는지와 상관없이, 그분이 기뻐하시는 대로 선물을 주시는 것이다. 하나님에 대해 내가 확실히 아는 것이 있다면, 그것은 하나님은 우리와 거래를 하지 않으신다는 것이다.

{ 6 }
연기가 되어 흩어지다

내 사촌의 표현으로 황충의 침략이 이루어진 1998년에 나는 내 슈빌로 떠났다. 「요한계시록」에 등장하는 합창단이 동네를 지나는 줄 알았더라면 나는 40번 고속도로를 빠져 나오지 않았을 것이다.

"7년마다 한 번씩 있는 일이야." 황충이라면 질색하는 내가 우습다는 듯 사촌은 말했다.

재앙이든 아니든, 뒤에 남은 것은 황충이 아닌 매미의 날개가 나올 때 생기는 수천 개의 자박자박한 껍질들뿐이었다. 알파벳 W 모양의 혈관이 비치는 매미의 반투명 날개를, 옛날 사람들은 전쟁이 다가오고 있다는 사실을 알려 주는 하나님의 신호라고 생각했다.

좌우지간 문 밖으로 떨어지는 것이 황충이 아니라니 안심이었다. 「요한계시록」은 마지막 시대의 암시로 매미를 언급하지 않기 때문이다. 솔직히 네 아이를 길러 온 지난 20년간의 환란을 생각하면 어떤 재앙도 두렵지 않다. 아이들이 모두 학교에 들어가기 전의 어느 날 오후 한 친구가 전화를 걸어 왔다. 그리고 우리 아이들이 십대가 되기 전에 예수님이 분명 다시 오실 거라는 이야기를 했다. 나는 그녀의 주장에 이렇게 반박했다.

"절대 그럴 리 없어. 예수님이 우리를 그렇게 쉽게 놓아 주실 거 같니? 우리 엄마들이 고생이란 고생은 모조리 경험하기 전에는 어림없어. 우리 아이들이 다 자라기 전까지 절대로 안 오실 걸."

다가오는 환란을 얕보는 것은 아니지만 이런 모든 문제들에 대해 나는 완전히 새로운 시각을 가지고 있다. 네 명의 십대와 함께 살다 보면 징그러운 벌레들과 싸우는 것이 그렇게 큰일처럼 느껴지지 않는다. 아이들을 기르다 보니 나 역시 자연히 기도하는 사람이 되었다.

지금은 아이들 모두가 장성했지만, 약 20년 전, 그러니까 내 턱에 솜털이 비치고 확대 거울이 없어도 화장을 할 수 있었던 어느 날이었다. 나는 어두운 색의 바지와 붉은 셔츠는 이쪽으로, 양말과 속옷은 다른 쪽으로 빨랫감을 분리하고 있었다. 우리 아이 가운데 하나인 아홉 살이 된 애슐리가 내게 다가왔다.

"엄마?" 알아듣기가 어려울 정도의 작은 목소리였다.

"응?"

나는 고개를 들었다. 딸아이의 회색 눈동자에서 이전에는 본 적이 없던 두려움이 보였다. 내게는 너무 오랫동안 보아 익숙한 달갑지 않은 손님이었다.

"나, 할 말이 있어, 엄마." 아이는 말했다.

"응, 뭔데?"

애슐리는 발목을 엇갈려 놓고 땀이 비치는 손을 마주 잡더니 내 눈을 피했다.

"엄마랑 아빠가 지난 토요일에 오빠랑 우리만 남겨 두고 나갔던 거 생각나?"

당연히 기억이 난다. 팀과 나는 그 날 볼일이 있었다. 우리는 열두 살인 외아들 스테판이 이제 아홉 살인 쌍둥이 셸비와 애슐리 그리고 일곱 살이던 코니까지 세 명의 여동생들을 충분히 혼자 돌볼 수 있을 거라 생각했다. 우리가 집을 비운 시간은 채 한 시간도 되지 않았다. 돌보아 주는 어른이 없이 아이들만 두고 나가기는 처음이었다. 아이들끼리만 남겨 두는 것에 대해 우리 부부 모두 조심스러웠다.

"응, 생각나지." 이렇게 대답하면서 나는 애슐리가 스테판이 자신의 인형 다리를 부러뜨렸다거나 동생들을 주먹으로 때렸다고 이야기할 거라고 예상했다.

애슐리는 누가 세탁실로 들어온 건 아닌지 어깨 너머를 확인했다. 오빠를 고자질하는 게 과연 옳은지 고민하는 기색이 역력했다.

"오빠가 아빠 총을 꺼내서 우리를 위협했어." 애슐리는 말했다.

세탁실에 있었으니 다행이었다. 애슐리 이야기를 듣고 나는 속옷을 갈아입어야 했으니 말이다.

"오빠가 뭘 했다고?" 나는 소리를 질렀다.

당황한 애슐리의 목소리는 전화 통신판매원의 목소리보다 더욱 빨라졌다. "오빠가 냉동실에서 초콜릿 쿠키를 꺼내서 먹고 있었어.

우리한테 걸리자 오빠는 아빠의 총을 꺼내 와서는 우리가 엄마나 아빠한테 이야기하면 총으로 자신을 쏠 거라고 그랬어. 말 안하겠다고 오빠랑 약속했는데, 너무 무서워, 엄마!"

나는 손을 뻗어 딸아이를 가슴으로 당겨 안았다.

"애슐리, 엄마가 미안해. 얼마나 많이 놀랐니. 엄마도 놀랐어. 엄마 심장 뛰는 소리가 들리지?" 나는 말했다.

애슐리는 고개를 끄덕였다.

"무슨 일이 일어난 건지 정확하게 이야기해 봐. 스테판이 너나 다른 동생들에게 총을 겨누었니?"

"아니, 우리가 이르면 총으로 자기를 쏠 거라고만 했어." 애슐리는 말했다.

안도와 분노가 동시에 몰려왔다. 마크 트웨인의 제안을 따르고 싶었다. 나무로 만든 커다란 통 속에 스테판을 집어넣고는 숨 쉴 구멍만 남기고 뚜껑을 닫아 버리고 싶었다. 그리고 다시 일이 년 뒤에 그 구멍마저 막아 버리고 싶은 심정이었다.

나는 집에 총이 있는지도 몰랐다. 더더구나 아이들의 손이 닿는 곳에 있으리라고는 상상도 못했었다. 장전이 되어 있었던 걸까? 총알은 어디에 있었지? 내 아들이 정신적으로 문제가 있는 걸까? 맙소사, 나는 미칠 것만 같았다! 딸아이들이 이 일을 며칠이나 비밀에 붙이고 있었다니 믿을 수가 없었다.

"너랑 셸비 모두 왜 엄마랑 아빠한테 바로 이야기하지 않았니?" 나는 물었다.

애슐리는 울기 시작했다. "무서웠어. 오빠가 벌 받는 것이 싫었어. 오빠가 자신을 해치는 것도 싫었고." 애슐리가 대답했다.

그애가 그렇게 걱정하는 오빠를 엄마가 밖에 널어다 말려 버릴 지도 모른다는 말을 굳이 그때 덧붙이지는 않았다.

그날 오후 나는 애슐리와 딸아이들을 모아 놓고 안심시켜야 했다. 아이들에게 오빠가 자신을 쏘는 일도 없을 것이고, 그 아이들이 고자질을 했다고 벌 받을 일도 없을 거라고 덧붙였다. 살다 보면 이야기를 해야 할 때가 있는데 오빠의 위협에도 불구하고 그 이야기를 엄마에게 해 준 것은 잘 한 일이라고 다독여 주었다.

남편 팀이 귀가한 후 우리는 아들을 불러 앉혔다. 아들아이는 여동생들이 우리에게 해 준 이야기를 부인했다. 그 아이는 다 꾸며낸 이야기라고 주장했다.

아들아이는 초콜릿 쿠키를 훔쳤을 뿐 아니라 뻔뻔하게 거짓말도 했다. 무엇이 나를 더 화나게 했는지 말하기는 어렵다. (처음부터 총을 자물쇠로 채워 잘 관리하지 못한 팀에 대한 분노가 펄펄 끓어오르는 것은 제쳐 두고서라도 말이다.) 우리에게 전문가의 도움이 필요하다는 사실은 분명했다.

우리는 그때까지 스테판에게 두 가지 대가를 치르도록 했다. 다음 24시간 동안 한 가지 외에 스테판은 아무것도 먹을 수 없었다. 처음부터 잘못된 결정을 내리도록 그애를 유혹한 바로 그 초콜릿 쿠키 말이다. 그리고 하나님이 "하지 말지니라" 말씀하신 가장 중요한 10가지 명령 중에 왜 "거짓말하지 말지니라"가 들어 있는지에 대해 글을 써야 했다.

보통 어머니들이 자신의 가족 특히 외아들에 대해 나누고 싶어

할 만한 종류의 이야기는 아니다. 우리는 총을 치웠고 스테판을 상담가에게 데려갔다. 다시 아이들만 남겨 두기까지는 수년의 시간이 걸렸다.

스테판은 칭찬받을 만한 성품의 남자로 성장했다. 내가 알기로 그 아이가 들고 다니는 유일한 총은 역사박물관에서 그가 사용하는 다른 시대의 모조 총들뿐이다.

하지만 나는 종종 애슐리와 다른 동생들이 침묵을 지켰다면 어떻게 되었을까하는 상상을 한다. 큰아이는 동생들을 위협하는 힘을 계속해서 사용했을까? 또 어떤 다른 방법으로 자신의 이기적인 목적을 위해 동생들이나 부모인 우리를 조종했을까?

두려움을 동기 삼아 매일같이 결정을 내리는 가정과 사람들, 나라에겐 어떤 일이 일어날까?

두려움 퍼뜨리기를 좋아하는 보수적인 복음전도자 팻 로버트슨과 같은 사람들에게 우리가 귀를 기울인다면 어떻게 될까? 2006년 5월 로버트슨은 태평양 북서부를 쓰나미만큼이나 강력한 폭풍으로 하나님이 치실 거라고 예언했다. 그리고 2007년 1월, 자신의 텔레비전 쇼, 「700 클럽」에서는 하나님이 자신에게 '대량 학살'에 대해 경고하셨다고도 했다. "주님은 핵이라고 말씀하지 않으셨습니다. 하지만 저는 그런 종류일 거라고 믿고 있습니다." 그는 이렇게 덧붙였다.

예전에 나는 예수님 하면 진 시몬스의 이미지가 떠올랐다. 그런 생각을 버리기까지는 여러 해를 보내야 했지만 이제는 오사마 빈라덴이나 팻 로버트슨 중 내가 누구를 가장 두려워해야 하는 건지 잘 모르겠다. 의심이 많다고 해도 상관없다. 하지만 나는 하나님이나 알라가 자신에게만 어떤 명령을 주셨다고 주장하는 사람들을 경계한다. 만약 일어나면 우리 모두를 위험에 빠뜨릴 명령을 하나님이 주셨다고 생각하는 사람들도 있다. 그런 주장을 하는 사람들에겐 치료와 구금이 필요하다고 생각했던 시절도 있었다. 적어도 제정신을 차릴 때까지 하루 이틀은 가두어 놓아야 한다고 말이다. 그런데 지금 우리는 그들이 연출한 텔레비전 쇼를 방송해 줄 뿐만 아니라 막대한 정치 자금을 모으도록 돕기도 한다.

두려움에 이끌리는 우리에게는 무언가 이상한 것이 있다. 감독 겸 영화배우인 멜 깁슨에게 그의 영화 「패션 오브 크라이스트」와 「아포칼립토」의 폭력성에 대해 물었을 때, 그는 여느 아이에게 사랑스럽고 조용한 양들에 관한 이야기와 다리 밑에서 들리는 괴물의 노래 소리에 얽힌 이야기 중 무엇이 듣고 싶은지 묻는다면 아이는 매번 괴물 이야기를 선택할 것이라고 대답했다.

조사해 본 것은 아니지만 아프리카 수단이나 지금의 이라크와 같은 전쟁의 폐허에서 자란 아이들은 폭력적인 내용이 없는 이야기를 듣고 싶어 하리라 나는 자신한다. 스티븐 킹이 훌륭한 작가라고 생각하지만 나는 그의 공포소설은 읽지 않는다. 그 이유는 단순하다. 내가 평생에 충분할 만큼의 폭력을 이미 경험했기 때문이다. 더 이상 악마들이 내 상상 속에 침입하는 것을 바라지도 않고 그것이 필요하다고 생각하지도 않는다.

고등학교 시절 모든 사람들은 『냉혈한』과 『엑소시스트』라는 두 권의 책에 대해 이야기했다. 영어 선생님은 『냉혈한』을 읽고 독후

감을 쓰는 숙제를 내셨다. 처음 한두 장을 읽고 나는 이 책을 다 읽느니 차라리 빵점을 맞겠다고 결심했다. 선생님의 추궁에 나는 사실을 고백했다. 홀어머니 밑에서 자란 나는 밤에 혼자 있는 시간이 너무 많아서 이런 공포소설은 너무 무서워 읽을 수 없다고 대답했다. 그 선생님이 '현실 도피' 운운하면서 어떻게 나의 두려움을 무시했는지 결코 잊혀지지 않는다.

하지만 두려움은 많은 사람들이 즐기고 또 매우 많은 사람들이 찾는 흥분제라는 사실도 부인할 수 없다. 두려움은 혈압과 심박수를 증가시킨다. 발한, 구토, 설사를 유발한다. 현기증, 가슴 통증, 의식 상실을 불러오기도 한다. 다른 말로 하면 두려움은 이상한 중독성이 있는 짜릿함이다.

사람들은 대체로 언제 올지 모를 두려움에 압도되기 마련이다. 전쟁·테러라는 두려움, 죽음·사고라는 두려움, 암·심장마비·치매라는 두려움, 지구 온난화·홍수·가뭄이라는 두려움, 은퇴·노후라는 두려움, 배우자·부모·자녀를 잃을지도 모른다는 두려움, 모든 사람은 자신만의 긴 두려움의 목록을 가지고 있다.

오랫동안 두려움은 여론을 조종하기 위한 유용한 도구였다. 광고주들은 그것을 과대 선전한다. 정치인들은 그것을 설교한다. 독재자들과 정치가들은 그것을 악용한다. 세대를 막론하고 모든 부모들 또한 피상적이고 왜곡된 사실을 교묘한 조종의 수단으로 사용함으로써 유익을 누려 왔다. "임신을 방지하는 콘돔의 효력은 고작 85%일 뿐이야." 아니면 "이 동네 모든 사람이 다 내 눈이야. 그러니까 내 딸아이에게 잘해." 이런 식이다.

히틀러는 유대 금융계가 독일의 이권을 파괴하려는 계략으로 구 소련에 접근한다며 사람들을 설득했다. 두려움을 이용해 여론을 조작한 것이다. 자신이 사회주의자들이라고 주장한 지식인들에 대해 반공·용공이라는 여론을 선동했던 맥카시도 동일한 방법을 사용했다.

"거 봐라."라는 식의 거만한 미소로 팻 로버트슨은 시청자들에게 경고한다. "불법이 이 땅에 만연한다면 나치 독일에서와 같은 일이 여기에서도 일어날 겁니다. 아돌프 히틀러의 추종자들 중 많은 이들은 사탄 숭배자였습니다. 또 많은 사람들이 동성애자였지요. 이 둘은 언제나 공존합니다."

작가인 조셉 L. 갤로웨이는 참사가 미 의회의 정치를 부채질한다고 이야기한다.

어느 때든 진실이 백악관의 망상을 깨뜨릴 거라 위협할 때면 미 연방수사국FBI은 테러범들의 거대하고 무시무시한 또 다른 음모를 폭로하는 듯하다. 어느 도시 심장부에 설치되었다는 방사능 폭탄, 뉴욕의 브루클린 다리를 무너뜨리려 한다는 음모, 시카고 최고층 빌딩을 폭파하려 한다는 또 다른 음모, 피자 배달원으로 위장한 킬러들이 미국 군인들을 죽이려 한다는 계획 등.

최근에는 존 F. 케네디 공항으로 들어가는 제트 연료의 경로를 폭파하려 한다는 음모가 있다.

위험한 적은 밖에 있는데 암흑으로 향하는 이 여정의 중심에는 돈이나 무기, 심지어는 계획도 없이 실수만 연발하는 바보들뿐이다. 그리고 지난 1여 년 동안 연방수사국 정보 제공자는 그들이 떠들도록 내버려 두고만 있다.

대공황으로 가장 어두웠던 시절, 프랭클린 루스벨트는 미국인들에게 두려움 외에는 두려워 할 것이 없다고 선언했다. 하지만 조지 부시는 두려움의 부재 외에는 두려워 할 것이 없다고 말한다.

9·11 이후로 모든 종류의 사람들이 우리에게 총을 겨눈 채 암묵적인 복종을 강요한다는 위협을 느끼는 것은, 나 한 사람뿐일까?

동생이 첫 아이를 임신했을 때, 우리 부부가 살고 있던 왈로와 시의 겨울은 무척 추웠다. 기온은 영하 30°C까지 곤두박질했다. 눈은 무릎까지 쌓였고, 자동차는 시동도 걸리지 않았고 우리 집의 유일한 난방 도구인 난로는 장작을 화가 난 비버처럼 집어 삼켰다.

당시 입학 전이던 우리 아이들은 하루종일 곰 인형과 로봇을 가지고 시간을 보냈다. 동생 린다가 입을 임부복이 없다고 했지만 내 것을 빌려 줄 수는 없었다. 동생의 가슴이 나보다 컸기 때문인데 동생은 자신의 부족한 키를 가슴에서 보충한 것 같았다.

나는 동생을 위해 내가 무서워하는 바느질을 하기로 했다. 내가 바느질을 좋아하지 않는 것은 아니다. 다만 싫어할 뿐이다. 뒤죽박죽 종이본과 따끔따끔한 바늘, 해진 천 그리고 터진 솔기. 내가 만약 바느질을 하고 있다면, 사실은 솔기를 터내고 있는 것이다. 그것도 많이. 바느질을 하다 보면 중학교 가정 시간의 나이 많고 심술궂은 저니건 선생님이 떠오른다. 그 선생님은 A라인 스커트를 만드는 데 무늬 있는 천을 가져왔다는 이유로 모든 학생들이 바라보는 교실 앞에서 내게 창피를 주었다.

"너 정도 몸집의 아이가 입을 거면 무늬가 없는 천을 가져왔어야지." 저니건 선생님은 말했다.

내가 뭘 알았겠는가? 엄마가 고른 천이었는데. 엄마에게 따지라고 선생님에게 말하고 싶었지만 바로 그때 어떤 여학생이 비명을 질렀다. 재봉틀 바늘이 그애의 집게손가락을 제대로 찔러대고 있었다. 으악!

이것이 내가 바느질을 싫어하는 또 다른 이유다. 위험하다. 재봉틀에 눈이나 손가락을 잃을 수도 있다.

하지만 동생을 위해서라면 손가락에 구멍이 나는 일이 있더라도 뭐든 하고 싶었다. 나는 린다를 사랑한다. 임부복이 필요하다면 자랑스럽게 꺼내 입을 만한 옷 몇 벌을 만들어 주어야지.

저니건 선생님의 충고를 따라, 나는 나중에 린다가 장식용 쿠션을 뒤집어 쓴 것처럼 보이게 할 만한 난잡한 무늬는 피했다. 연분홍 색깔의 천과 자잘한 라벤더 꽃무늬와 캘리코, 크림 무늬가 들어간 천을 구입했다.

하나씩 본을 대고, 자르고, 옷을 만드는 데는 꼬박 몇 주의 시간이 걸렸다. 총 다섯 벌이었다. 나는 이른 오후에 그리고 모두가 잠든 조용한 밤 시간에 오래도록 작업을 했다. 추수감사절에 우리는 워싱턴에 있는 린다의 집을 방문할 예정이었다. 나는 린다를 놀라게 하고 싶었다.

하기 싫은 일이지만 마음을 다해 그 일을 마친 다음에는 누구에게든 만족감이 따라온다. 마지막 옷을 다려놓고 손수 지어 만든 옷들을 한 걸음 물러서서 지켜보며 나는 그런 종류의 만족감을 느꼈다. 동생에게 어서 선물하고 싶었다. 린다는 작은 일에도 늘 감사하는 아이였다. 나는 내 시간과 노력을 바쳐 희생한 것이 그녀에게 큰 기쁨이 될 것이라고 생각했다.

모두 예뻐 보인다는 팀의 칭찬까지 듣고는 옷들을 조심스레 접어 갈색 종이가방에 넣어 두었다. 그리고 나중에 잊어버리지 않고 차에 실을 수 있도록 건조기 위에 잘 올려 두었다.

그러고 나서 식구들의 짐을 꾸리며 집 청소를 시작했다. 여행에서 돌아왔을 때 집이 지저분한 것을 나는 싫어했다. 나는 아이들의 양말과 신발, 바지, 셔츠 그리고 명절 옷들을 싸기 좋게 분류했다. 그리곤 갈색 종이가방 하나를 들고 이 방과 저 방을 다니며 아이들이 그리다 버린 그림들을 주워 모았다. 화장실과 침실 쓰레기통의 쓰레기뿐만 아니라 비질한 후의 쓰레받기 먼지도 종이가방 속으로 털어 넣었다.

팀이 차로 짐을 싣는 동안 나는 집안의 쓰레기를 바깥 소각장으로 옮겼다. 얼마 지나지 않아 팀은 얼어 버린 눈 위를 타박타박 걸어가 소각장에 불을 지폈다. 뜸을 들일 이유가 없었는데 이렇게 추운 날씨에는 불길이 번지지 않기 때문이었다.

그날 저녁 아이들이 모두 잠든 후, 나는 린다에게 줄 선물을 차로 옮기려고 했다. 그런데 종이가방이 보이지 않았다. 어디에도 없었다.

"여보, 건조기에 올려둔 갈색 종이가방 못 봤어?" 나는 물었다.

"아니, 못 봤는데." 팀은 대답했다.

"확실해?" 옆 다용도실 선반 위에 있을까 싶어서 그곳으로 들어가며 나는 다시 물었다.

"확실해."

부엌과 거실, 모든 방을 살폈다. 종이가방은 어디에도 없었다.

그때였다.

나는 부츠와 오리털 점퍼를 꺼내 입고 아직까지도 뜨거운 소각장으로 달려갔다. 막대기를 집어 그을린 재 속을 뒤지기 시작했다. 막대기를 잡아당겼다. 무언가가 걸려왔다. 위로 들어 올렸다. 막대기 끄트머리엔 그을린 라벤더 무늬 천 조각이 붙어 나왔다. 임부복 옷깃의 일부였다.

집 청소에 열중한 나는 건조기 위에 있던 종이가방을 쓰레기로 착각해 집어 들고는 소각장으로 온 것이다.

고된 작업, 사랑의 노동, 나의 모든 희생이 순식간에 타버렸다. 바늘땀, 솔기, 다트 모두가 훨훨 타올랐다. 나는 소각장 옆의 얼어붙은 눈 위에 주저앉아 그을린 옷깃을 가슴팍에 끌어안고는 청명한 하늘을 우러러 보며 상처 입은 사냥개처럼 울부짖었다.

이 선물을 받을 수 없을 테니 동생은 그 선물에 내가 얼마나 정성을 들였는지도 결코 알 수 없을 것이다. 이렇게 사라져 버리다니. 이렇게 완벽하게 사라져 버리다니!

무엇도 나를 위로하지 못했다. 나는 추위에 더 이상 있지 못할 때까지 밖에서 울며 앉아 있었다. 그리고 옷장으로 들어가 문을 닫고는 얼마를 더 울었다. 팀은 나를 위로하려 하지 않았다. 소용이 없다는 걸 잘 알았기 때문이다. 남편은 실컷 울도록 나를 내버려 두었다.

내가 그 실수에 대해 이야기했을 때 동생은 아무 말도 하지 않고 나를 안아 주었다.

정말 끔찍한 기분이었다. 20년 하고도 몇 년의 시간이 지났어도 그을린 천 조각을 들어 올리던 그 순간을 생각하면 지금도 마음이 새까맣게 타들어 간다.

하지만 두려움의 초점이 변하고 난 후 나는 조심하지 않으면 나의 인생도 그럴 수 있다는 사실을 깨달았다. 하나님을 위해 열심히 일할 수 있지만, 이 여정이 끝나 내 인생의 제단을 돌아보면 내 모든 희생은 모두 사라지고 없을 수도 있다. 의로운 열정에 불타 버려서 말이다.

조심하지 않으면 내가 동생의 옷을 태워 버리고 난 후보다 훨씬 더 많이 울게 될 것이다. 의미 없는 삶을 사는 것은 비행기를 타고 죽는 것보다 훨씬 더 무서운 일이다.

{ 7 }
복음과 믿음의 소음기

프레드 펠프스 목사는 예수님을 사랑한다고 고백한다. 하지만 그와 그를 따르는 웨스트보로교회 성도들은 많은 시간과 정력, 물질을 다른 사람들을 미워하는 데 사용한다. 그들은 "군인들이 죽어서 감사합니다." 혹은 "귀한 미사일을 주셔서 감사합니다." 이런 말들이 적힌 현수막을 들고 군인들의 장례식장에 나타난다.

언뜻 보기엔 반전反戰 운동가들 같지만 사실 이러한 시위는 동성애 혐오라는 진짜 메시지를 전달하기 위한 책략일 뿐이다. 펠프스 목사는 동성애자를 '호모'라고 비하해 부른다. 심지어 그는 이러한 편협한 관점을 가진 사람들과 교류하는 '하나님은 호모를 싫어하신다' www.godhatesfags.com라는 웹사이트도 운영하고 있다. 자기 남편의 장례식장에 나타난 반전 운동가들에 대해 이야기해 준 어느 젊은 미망인을 통해 이 사람들을 알게 된 후 나는 그 사람들에게 시위 장소를 신중하게 선택할 것을 요구하는 기사를 썼다. 군인들의 장례식장이나 군 병원, 전쟁 기념관 등은 피해 달라고 말이다. 당시에 나는 군인들의 장례식장에 나타나는 사람들이 웨스트보로 교인들과 연관이 있는 줄은 전혀 몰랐다.

그 기사가 「뉴욕타임스」에 실리자 반응이 뜨거웠다. 군 관계자들은 반전 운동가들에게 화를 냈고 웨스트보로 교인들은 동성애자들에 분노했다. 동성애자들은 근본주의자들을 증오했다. 그리고 군 병원과 전쟁 기념관에는 나타나도 군인들의 장례식장에는 나타나지 않던 진짜 반전 운동가들은 나와 「뉴욕타임스」의 편집자를 증오했다.

펠프스 목사는 내게 전화를 걸었다. 내 주변에는 전화를 걸어 하나님의 진노와 호모들에 대해 15분 동안이나 두서없는 이야기를 메시지로 남겨 놓을 사람이 없다. 따라서 내게 그런 전화를 한 사람이 펠프스 목사이거나 아니면 그의 추종자 중 하나였으리라 짐작하는 게 잘못된 것만은 아닐 것이다.

펠프스 목사는 동성애자들에 대한 미국의 관용 정책 때문에 하나님이 미국으로부터 등을 돌리셨다고 주장한다. 웨스트보로 교인들은 관용을 믿지 않는다. 그들에게 관용은 나약함의 증거일 뿐이다. 미국 군인들을 위한 장례식은 군대에게 영광과 명예를 부여하는 허울일 뿐이고, 실상은 호모들의 권리를 위해 싸운 악한 사람들 (죽은 군인들)을 높이기 위해 만들어진 행사라고 주장한다.

웨스트보로 교인들은 이라크와 아프가니스탄의 전쟁, 카트리나 태풍, 홍수, 폭풍, 지진, 광산 붕괴, 학교에서 살해당한 아미쉬 소녀들까지 이 모두가 우리가 미국이라 부르는 악하고 가증스런 나라에 대한 하나님의 형벌이라고 주장한다.

그들의 웹사이트에는 이런 글이 올라와 있다. "이 나라를 향한 하나님의 정의, 진노의 분출을 보고 기뻐하지 않는 것은 죄입니다.", "의인이 악인의 보복 당함을 보고 기뻐함이여 그의 발을 악인의 피에 씻으리로다." (시 58:10).

그들은 스스로 그리스도의 참된 제자들이라고 생각하지만 그들이 주장하는 선전 내용을 5분만 읽어 보면 누구든 쉽게 그들의 정체를 알게 된다. 그 공동체를 하나로 묶는 것은 그들의 믿음에 도전하는 대상에 대한 증오라는 사실을. 하지만 진리는 우리가 무엇을 믿는가에 달려 있지 않으니 우리에게는 다행한 일이다. 한 명이 믿든 천 명이 믿든 상관없이 진리는 진리다. 반대로 천만 명이 곰돌이 푸가 실제로 존재한다고 믿을 수는 있지만, 그렇다고 해서 곰돌이 푸가 자신의 꿀을 그들에게 나누어 줄 수 있는 건 아니다. 곰돌이 푸가 꿀을 나누어 줄 수 없는 이유는 곰돌이 푸가 실제로 존재하지 않기 때문이다. 믿음이 그것을 진리로 만드는 것은 아니다.

웨스트보로교회 교인들이 전하고자 했던 그 메시지는 성경이 말하는 복된 소식을 전하는 아름다운 소리가 아니라 소음이다. 그들은 굽은 척추에 매달린 기형적인 손발처럼 믿음을 걸쳐 입었다. 유용하기는커녕 보기에도 흉한 그 손발은 사람들의 시선과 조롱을 끌어 모을 뿐이다. 자신의 믿음이 스스로를 얼마나 굽은 병신으로 만들었는지 이들은 전혀 알지도 못한다. 이리저리 뛰어다니며 옆에 있는 사람들을 넘어뜨리고 분노와 혐오감으로 그 무시무시한 손발을 거침없이 휘두른다.

이 믿음의 소음기들은 세상의 추이를 볼 때 모든 사람은 충분히 두려워하고 분노하고 조심해야 한다고 믿고 있다. (그들은 이것을 경계라고 부른다.) 최근 비극적 사건들은 정도를 벗어난 세상을 향한 하나님의 진노의 증거일 뿐이다. 학교에서 벌어진 총기 난사 사건은 학교에서 기도를 금지했기 때문이고, 9·11의 공포는 미국에게 회개와 멸망 사이에 한 번의 기회를 더 허락하시는 하나님의 손길이며, 이라크 전쟁은 번화가에서 예수님의 최후 대결의 시작을 알리는 신호다.

산재하는 비극을 우리의 행동을 바로잡기 위한 하나님의 징계로 치부하는 것은, 삶의 수많은 변장에 대해 분명한 해답을 찾아야 하는 우리의 역할을 부정하기 위한 효과적인 방법이다. 자밀라의 아버지가 딸이 죽을 뻔했던 사고를 하나님의 징계였다고 결론 내린 것처럼 말이다.

만일 카트리나 태풍이 이 시대 고모라에 대한 하나님의 징벌이었다고 믿는다면, 우리는 파괴의 책임을 손쉽게 도시의 악한 사람들에게 돌릴 수 있다. 또한 우리가 그 도시의 재건을 돕지 못할 때 생기는 죄책감도 덜어낼 수 있다.

이 책임 전가는 비단 믿음 공동체만의 이야기가 아니다. 카트리나 태풍이 휩쓸고 간 직후 나는 뉴올리언스를 다녀왔다. 그후 이전의 내 심장의사로부터 뉴올리언스는 홍수를 부르는 질그릇과 같은 도시인데 도대체 어떤 멍청한 사람들이 거기에 사는 거냐는 설교를 10분 동안이나 들어야 했다. 이 독실한 의사의 병원에서 핸포드

원자력 발전소까지는 고작 몇 분 거리에 있다. 만일 그가 사는 동네에 재해가 찾아온다면 그는 어떤 반응을 보일까? 그때는 누구를 꾸짖고 누구에게 책임을 물을까?

홍수나 핵무기보다 훨씬 더 두렵고 무서운 것은, 다른 사람 속에서 우리 자신을 보지 못하는 우리의 숨겨진 무능력이다. 우리의 편협함이야말로 우리를 멸망으로 이끄는 가장 큰 위협이다.

펠프스 목사는 기회 균등주의자다. 그의 추종자들은 대부분 그와 그의 가족들로 구성되어 있고, 대부분의 사람들은 그들을 질색한다. 빈곤법률센터는 이 교회를 증오 집단으로 분류했다. 거의 모든 교단의 그리스도인들은 물론, 심지어 전투적인 근본주의자들마저도 그 교회와 펠프스 목사를 비난한다. 물론 이러한 비난도 펠프스 목사에게는 자신의 신학이 옳다는 증거일 뿐이다. 그는 자신을 반대하는 모든 사람을 악하다고 생각한다.

하지만 이와 같은 종류의 잘못된 행동에 말려드는 경향이 우리 모두에게도 있지 않을까?

증오 범죄의 희생자인 매튜 셰퍼드가 사망한 직후에 찾아 왔던 웨스트보로 교인들에게 그 동네 소방관들이 시위자들에게 제대로 물을 끼얹어 주었다는 이야기를 한 친구가 내게 들려주었다. 이 이야기를 전하는 그 친구는 웃고 있었다.

하지만 앨라배마 주에 사는 내 친구 마이크 무어는 그 동네의 전사한 군인 추모예배에서 일어난 사건을 두고 웃을 수 없었다. 그 도시 임원들은 주민들에게 그 예배에 참석해서 전사한 군인의 가족을 격려해 주고, 또 펠프스 목사와 그 교인들이 만들어 온 원색적인 비판을 담은 현수막에서 그 가족을 보호해 달라고 요청했다.

그러나 전사한 군인의 가족을 격려하기 위해 나온 사람들 중 다수가 웨스트보로 교인들만큼이나 추하고 증오에 찬 행동을 보였다며 내 친구는 괴로워했다.

사람들이 얼마나 쉽게 대부분의 그리스도인들을 일부 극단적인 교인과 하나로 몰아넣고, 펠프스 목사를 증거로 모든 종교가 악하다고 성급하게 단정 짓는지 생각해보라. 스탈린을 증거로 모든 정부가 악하다고 말하는 것과 똑같은 실수를 저지르고 있는 꼴이다.

보수주의자 팻 로버트슨은 이슬람교도들이 악마의 능력을 입었고 이슬람의 목표는 세계 정복이라고 이야기한다.

로버트슨과 펠프스의 표현 사이에 있는 유사점이 보이는가? 로버트슨은 본격적으로 전쟁을 시작하는 것보다 베네수엘라의 대통령 우고 차베스를 해치우는 것이 비용 면에서 훨씬 효과적이라고 제안했다. 로버트슨은 또한 이스라엘의 아리엘 샤론 총리를 쓰러뜨린 뇌졸중이 하나님의 형벌이라고 말하기도 했다. 펠프스 목사의 표현과 무슨 차이가 있는가?

펠프스와 마찬가지로 로버트슨의 표적 또한 동성애자, 낙태 옹호자, 인권 옹호자 그리고 이 나라를 향한 하나님의 진노를 자극하는 사람들, 즉 자신이 악하다고 생각하는 다른 모든 사람들이다. 하지만 펠프스와는 달리 로버트슨은 사람들에게 지속적으로 회개를 강권한다. 하지만 펠프스는 회개하기엔 이미 늦었다고 이야기한다. 미국은 이미 멸망하고 있다. 황충은 지금이라도 당장 우리를 침략하기 위한 준비 운동을 하고 있다. 악마 같은 이슬람교도들과 함께 멸망하겠지. 대체 잠을 어떻게 청해야 할까?

수면제가 필요하다. 그것도 아주 많이.

∽

내 친구 존은 천재적 수준의 아이큐를 가진 공학 기술자다. 그의 연봉은 10억 원에 달하고 총알이라고 부르는 스포츠카를 몰고 다닌다. 속도위반 딱지가 그 증거다. 존은 열심히 일한다. 또한 자녀들에게는 좋은 아버지고 아내에게는 성실한 남편이다. 그의 가족은 교회를 중심으로 모든 사회생활을 꾸려 간다. 존에게 묻는다면 그는 믿음이 자신의 삶을 지배한다고 대답할 것이다.

존은 그렇게 믿는다. 온 마음을 다해 진심으로 자기 인생의 모든 선택은 하나님을 믿는 자신의 믿음에 의해 결정된다고.

그것이 그가 이슬람교도들을 싫어하는 이유다. 그들은 주 예수 그리스도를 자신의 개인적인 구원자로 받아들이지 않는다. 존은 이 지구상에서 하얀 모자를 쓴 그리스도인들과 까만 터번을 두른 이슬람교도들 사이에 마지막 최후의 대결이 펼쳐질 것이며 그날이 다가오고 있다고 진지하게 믿고 있다. 그때 그리스도인들은 연기를 뿜어내는 총을 손에 들고 승리의 노래를 부르며 퇴장하리라. 탕! 탕! 내가 너를 쏘았다. 탕! 탕! 너는 땅으로 떨어졌다.

존은 그때까지 최대한 많은 이슬람교도들을 죽이는 것이 우리의 도덕적·종교적 의무라 생각한다. 그들은 우리의 적이다. 그는 이라크 전쟁을 옹호하지만 전쟁의 방법에는 동의하지 않는다. 그는 자신이라면 "핵무기를 사용했을 거야"라고 주저하지 않고 이야기한다. 이라크에 살고 있는 그리스도인들에게 피신하라는 경고를 먼저 주겠다는 건지, 아니면 하나님께 그들의 피신을 맡기겠다는 건지에 대해서는 아무런 언급이 없다.

존은 관용을 인본주의적인 어리석음이라고 생각한다. 누군가 자신이나 자신의 가족에게 잘못을 저지를 경우, 그는 하나님의 진노가 그 사람 머리 위에 쏟아지길 기도한다. 그런 모습에 정색을 하고 동정심이 부족한 거 아니냐고 지적했다가는, 의인으로서 자신이 가진 권리를 뒷받침하는 성구들을 운운하는 일장연설을 들어야만 한다. 존과 함께 있을 때 나는 말을 조심한다. 그의 성질을 건드리고 싶지 않기 때문이다.

그는 그러한 호의에 보답하지 않는다. 존의 믿음은 한결같이 뜨겁고 자신이 혹시라도 틀릴 수 있다는 사실을 절대로 인정하지 않는다. 흔치는 않지만 속도위반처럼 법을 어기는 경우라도 그는 자신이 틀렸다는 사실을 절대 인정하지 않는다. 대신 변호사를 고용해서 원칙에 입각한 싸움을 벌인다. 자신에겐 빛의 속도로 달릴 권리가 있다는 원칙에 입각해서 말이다.

이쯤이면 뭐 이런 나쁜 사람이 있나 생각할 것이다. 하지만 존은 나쁜 사람이 아니다. 당신이 존을 만난다면 아마도 존은 당신에게 연어낚시를 함께 가자고 초대하거나, 아니면 자신의 스포츠카에 타 보지 않겠느냐고 친근하게 제안할 것이다. 당신에게 돈 10만 원이 필요하다면, 존은 자신의 지갑을 열어 언제 돌려 주겠느냐고 묻지도 않고 기꺼이 돈을 빌려 줄 것이다. 아니, 아예 돌려받을 생각을 하지 않을 수도 있다. 존은 그런 사람이다. 누구든 친구로 삼고 싶은 사람이다.

당신이 아랍 사람만 아니라면 말이다. 미국계 아랍 사람이어도 안 된다. 존은 아랍 사람들을 매우 수상쩍게 생각한다. 당신이 아랍 사람이고, 만약 당신이 그가 다니는 교회에 나타난다면 그는 당신을 저녁식사에 초청하지 않을 것이다. 같은 직장에 다닌다면 당신이 일터에 폭발물을 숨겨놓지는 않는지 확인하려고 시시때때로 당신에게 곁눈질을 할 것이다. 같은 비행기에서 옆자리에라도 앉았다가는 불쾌한 눈을 하고 당신을 감시할 것이다. 존의 덩치는 상당하다. 그러니 시비를 걸지 마라. 존이 한판 싸움을 벌이자고 할 테니.

나는 그러고 싶어도 싸움을 걸지 못하는 사람이다. 아랍 사람은 물론 다른 어떤 사람에게도 치고받고 싸우자고 도전해 본 적이 없다. 하지만 9·11 이후 나도 내 친구 존과 같은 어리석은 행동을 하기 시작했다. 공항에서 검은색 천으로 된 아랍 전통의상을 입은 여자들을 보면 저 옷은 폭약과 칼을 숨기기에 얼마나 적절한 도구일까 하는 생각을 하기도 했다. 아랍어를 쓰는 두 명의 사업가가 비행기를 탈 때면 그들의 행동이 수상하지는 않은지 유심히 지켜보았다. 인종차별이 아닌 시민으로서의 의무를 이행하는 중이라고 스스로를 설득하면서 말이다.

애국자라면 당연히 의심해야 했다. ABC뉴스와 「워싱턴 포스트」가 실시한 설문조사 결과에 의하면, 미국인 열 명 가운데 여섯 명이 이슬람이 폭력적 극단주의를 장려하고 있다고 생각한다. 45%는 주류 이슬람 세력들이 비이슬람권에 대한 옹졸함을 가르친다고 생각한다. 1/3은 이슬람이 이슬람교를 믿지 않는 사람들에게 폭력을 사용하도록 권장한다고 믿는다. 27%는 이슬람교도들에게 어느 정도 적대감을 느낀다고 말했다. 25%는 아랍인들에 대해 인종차별적인 생각을 품는다고도 했다. 그중 복음주의 개신교도들과 보수주의자들이 가장 높은 수치를 보였다.

같은 설문조사는 이슬람에 대해 더욱 많이 아는 사람일수록 이슬람을 덜 부정적으로 생각한다는 사실 또한 밝혀냈다. 만약 이러한 설문을 반대로 실시해 이슬람교도들을 대상으로 미국인들과 그리스도인들에 대해 물었다면 결과는 비슷하지 않았을까.

존과 같은 사교 클럽에 자비르라는 기술자가 있다. 자비르는 선한 그리스도인은 모두 죽었다고 생각하지만, 자신의 믿음을 존만큼 소리 높여 외치지는 않는다. 자비르는 닥쳐올 성전聖戰에 필요한 강력한 힘을 알라에게 구하면서 하루에도 여러 번 몸을 굽혀 기도한다. 저 이교도 존. 그는 앞으로 무슨 일이 닥칠지 전혀 모르고 있다.

자신들은 보지 못하지만, 존과 자비르는 동전의 양면과 같다. 팻 로버트슨과 펠프스처럼 말이다. 물론 존과 자비르는 실제 인물이 아니다. 내가 아는 사람들을 혼합해 만든 가상 인물들이다. 하지만 펠프스와 로버트슨 그리고 그들이 선동하는 편협함은 실제로 존재한다.

우리에게 주변을 두루 살필 수 있는 시야가 있다 해도 다른 사람들 속에서 자신을 보지 못하는 실수를 반복한다면 우리는 우리 자신의 그림자를 두려워하며 살 수밖에 없다. 자신의 어두운 그림자에 놀라 쉴 새 없이 이리저리 도망 다니는 소떼들처럼.

{ 8 }
같지만 다른 모양으로

동양 사람들, 특히 베트남 사람들을 싫어한다고는 해도 나는 내 자신이 편견을 가진 사람이라 생각해 본 적은 없었다. 개인적으로 알고 지내는 베트남 사람이 있는 것도 아니었다. 다만 내게서 아버지를 빼앗아 간 그들을 싫어해도 괜찮다고 느꼈다.

아버지가 돌아가시고 거의 40년이 지났다. 그동안 구원을 받기도 했지만, 나는 베트남 사람들을 용서해야 한다고는 조금도 느끼지 못했다. 물론 그들이 내 용서를 받을 만한 잘못을 저지르지 않았다는 생각도 하지 못했다.

고통 받다 죽어 가는 베트남의 어린이들과 공포에 떨어야 하는 그들의 나날에 대해 걱정하지도 않았다. 죽어가는 베트남의 아버지들과 어머니들, 아들들, 딸들에 대해서도 생각하지 않았다. 과부들이 어떻게 연명하는지, 그들이 얼마나 많은 밤을 울다 잠드는지에 대해서도 전혀 생각하지 않았다.

　죽은 애완동물들, 흩어진 친구들, 폭격당한 학교들, 감옥에 갇힌 선생님들, 잃어버린 직장, 폐허가 된 놀이터, 무너진 성전, 불타 버린 책들 그리고 상한 손과 발 등. 그 지역 사람들이 겪는 피해에 대해 나는 생각해 보지 않았다. 이제껏 자라 어른이 되기까지 나의 관심은 오로지 나의 고통이었다. 슬픔은 나의 눈을 가렸다. 비통은 나의 마음을 굽게 했다.

　나는 적을 향한 분노와 혐오를 억눌렀고 그런 나 자신에게 박수를 보냈다. 누군가처럼 그들이 잘못되기를 바라지는 않았다. 다만 그들을 내 생각에서 완전히 지워 버렸다. 그럴 일은 없었지만 굳이 그들의 모습을 그려내야 한다면, 나는 그들을 이름도 얼굴도 없는, 인간이 아닌 어떤 무리 정도로 떠올렸다. 살인보다도 더 악했다. 나는 그들의 존재가 하나님께 별로 중요하지 않다고 여겼다.

　이러한 생각은 한 작가 모임을 통해 만난 슈안 응웬과 그녀의 이야기를 통해 변화하기 시작했다. 1968년 자신이 살던 집을 공격해 온 미국 군인들을 피해 푸람이라는 마을로 피신한 것은 그녀가 열네 살 때였다. 슈안은 자신의 다섯 살 사촌이 박격포에 맞아 죽는 모습을 공포 속에서 지켜보았다. 그리고 부상을 입은 자신의 가장 친한 친구를 정성껏 간호했다. 나의 마음을 가장 괴롭게 했던 것은 그 친구의 죽음이었다. 비록 잠시 동안이었지만 정신 질환 때문에 나 역시 가까운 친구를 잃어버린 경험을 해 보았기 때문이다. 그러나 슈안은 영원히 친구를 잃었다.

　까만 머리를 귀 뒤로 넘겼지만 흐르는 눈물을 일부러 닦아내지도 않고, 그녀는 사람들로 꽉 찬 그 교실 앞에서 자신의 끔찍했던 선택에 대한 이야기를 이어 나갔다. 그녀와 그녀의 친구는 지하로 몸을 피해 전투가 끝나기를 기다렸다. 슈안은 자신의 친구가 살지 못할 거라는 사실을 알았다. 부상이 너무 심했다. 음식은 터무니없이 부족했고 구조를 받을 때까지 얼마나 기다려야 할지도 알 수 없었다.

결국 그녀는 남은 약간의 음식을 먹으며, 죽마고우가 죽어 가는 모습을 지켜보아야 했다. 죽어 가는 친구에게 음식을 먹여야 하는지, 자신도 친구를 따라 굶주림 속에서 죽어야 하는지 고통스러운 선택이었다고 슈안은 이야기했다. 열네 살짜리 소녀가 내려서는 안 될 선택이었지만, 그것은 전쟁 속에 있는 어린이들에게는 어쩔 수 없이 해야만 하는 선택이었다.

이 이야기는 어린 슈안이 전쟁의 나라에서 자라는 동안 경험한 수많은 잔혹한 이야기들 중 하나일 뿐이다. 전쟁은 슈안이 아름다운 여성으로 성장해서 잘생기고 용맹한 베트남 군인과 결혼을 할 때까지도 계속되었다. 그리고 그녀가 남편을 잃고 홀로 아이들과 남겨질 때까지 오래도록 이어졌다. 수십 년이 지난 지금까지도 슈안은 베트남에서 일어난 전쟁이 자신에게서 빼앗아간 것들에 대한 악몽과 대낮의 공포로 고통 받고 있다.

슈안은 나를 친구라고 부른 첫 번째 베트남 사람이다. 그녀는 우리가 전쟁의 상처를 입고 거친 길을 함께 걷는, 같은 동전의 양면이라는 사실을 볼 수 있도록 나를 도와주었다. 2003년 베트남을 방문했을 때 나는 그녀의 모습을 그려 보았다. 어린 아이로, 젊은 여자로, 과부로 그리고 사랑하는 조국을 떠날 수밖에 없도록 등 떠밀린 이 땅의 딸로.

 탁한 메콩 강 옆, 이아 드랑 계곡이 내려다보이던 용산 기슭과 카사바 들판에서 마침내 나는 피 묻은 내 손을 보았다. 용서하지 않으려는 내 마음을 굳게 움켜쥐고 있는 그 손을.

∽∽

 정신 건강 전문의들은 분노를 두려움의 가면이라고 이야기한다. 가장 큰 위협을 느낄 때 우리는 가장 많이 분노한다. 본능적으로 우리는 우리를 두렵게 하는 것들에 대항해 싸우도록 만들어졌다. 그러한 본능 때문에 사자, 호랑이, 곰들의 위협이 넘치는 정글에서도 우리는 생존할 수 있다. 하지만 오늘날 우리는 그러한 본능을 도로 위에서 다른 운전자들을 앞질러 나가고 자신이 가는 길에 끼어드는 사람들에게는 욕설을 퍼붓는 데에 사용한다.

 우리는 큰 목소리로 분노하며 복수를 요구하는 국민이다. 하나님의 주된 의무는 잘못을 하고 있는 사람들을 혼내 주고, 우리가 좋아하지 않는 사람들을 쳐부수는 것이라고 주장한다. 물론 그 판단의 기준은 우리다. 우리는 하나님이 우리의 심판자가 되기를 원하지는 않으면서 우리를 대신해 복수해 주시기를 바란다.

 우리는 하나님을 우리 개인의 터미네이터로 왜곡한다. 따라서 에이즈로 인한 죽음은 악하고 타락한 사람들 자신의 잘못이다. 카트리나 태풍은 미국에 대한 하나님의 형벌이었다. 조금이라도 우대인들의 땅을 빼앗는 사람들에게는 화 있을지어다! 모든 폭풍, 지진, 가뭄, 대량 학살 그리고 더운 날씨까지도 회개하지 않으면 멸망한다는 암시다.

하지만 믿음 공동체의 일원인 우리는 걱정하지 않아도 된다. 야구 경기와 전쟁에서의 승리는 물론 좋은 주차 공간까지 보장해 주시는 우리의 지명 타자 하나님이 계시니 말이다.

기독교 고등학교가 농구 선수권 대회에서 승리하는 이유는 그들이 매 경기마다 기도하기 때문이며, 상대편 선수들이 눈먼 이교도들이기 때문이다. 군인들은 하나님이 정하신 자본주의 자유를 지킨다는 명목으로 적들을 산산조각 낼 폭탄 위에 "하나님, 미국을 축복하소서." 혹은 「요한복음」 3장 16절의 말씀을 적어 넣는다. 공화당이 선거에서 이기는 이유는 하나님이 그들의 후보 위에 기름 부으셨기 때문이다. 반면 다음 번 선거에 희망을 건 민주당원들은 좀 더 신앙생활에 열심을 내야 한다.

우리는 수박, 피자, 그루터기, 굴뚝, 차고의 문에서는 물론 파이를 굽는 그릇과 건물벽에서도 하나님의 얼굴을 발견한다. 우리에겐 정말 비상한 재주가 있다. 전혀 예상하기 어려운 곳에서 하나님을 발견하는 재주 말이다. 다만 우리가 좋아하지 않는 사람들, 우리의 적에게서만 빼고.

우리나라 방송은 '그들'과 대항해 싸우는 '우리' 이야기로 넘쳐난다. 베스트셀러 목록에 정기적으로 등극하는 책들은 착한 미국인이 (언제나 중동 사람인) 나쁜 테러범을 쫓아내는 내용이다. 서부 무법자 장르의 최신판이라고 해야 할 것이다.

나는 그런 이야기들에 싫증을 느낀다. 어머니다운 놀라운 강단의 소유자들이 일어나 "쉿! 너희들 모두 조용히 하지 못하겠니?"

그렇게 외쳐 주기를 나는 고대하고 있다. 마야 안젤루는 내 마음속에서 바로 그런 어머니의 모습과 겹쳐진다. 그녀의 존재는 주변을 고요하게 한다. "쉿!" 그녀의 목소리에 뱀들도 분주한 움직임을 멈춘다.

작곡가이자 음악가인 페르난도 오르테가는 자신의 묵상 음반, "당신의 날개 아래"를 소란스러운 사회를 위해 기획했다.

"우리 문화는 점점 더 시끄러워지고 있습니다. 단순한 시끄러움을 넘어서 이제는 맞서 싸워야 할 정도지요. 묵상의 상태를 유지하는 것은 점점 더 어려워지고 있습니다."

당연한 말이다. 소란할수록 하나님의 음성을 듣기는 더욱 어렵다. 아니 어쩌면 우리는 하나님의 말씀을 듣고 싶지 않은지도 모른다. 특히 누군가 우리에게 잘못을 했을 때, 우리에게 다른 뺨을 내밀고 악을 선으로 갚고 적을 용서하라는 말씀을, 그도 아니면 다른 터무니없는 종교적인 의무를 행하라는 하나님의 말씀을 듣고 싶어 하지 않는 것이다.

하지만 매우 분명한 사실이 있다. 우리가 그들을 하나님이 그들과 우리를 바라보시듯 유연함과 긍휼로 바라보지 못한다면 악이 큰소리로 승리하리라는 사실이다.

─∽∽─

이제는 장성한 나의 자녀들 중 둘은 오리건 주 벤드의 고지대 사막에서 살고 있다. 초신자들에게 벤드는 그야말로 하나님의 놀이터다. 어느 날이든 잠자리에서 일어나 찬란히 빛나는 물을 따라 산책을 하거나, 고대 암벽 면들을 조용히 저울질해 보기도 하고, 놀랍도록 울퉁불퉁한 배첼러 산의 경사를 소리 지르며 뛰어 내려와 볼 수도 있다.

귀찮게 하지 않겠다는 나의 약속에 종종 아이들은 나를 집으로 초대한다. 약속대로 잘 처신하면 아이들은 지난 독립기념일처럼 특별한 행사에 나를 데려가 주기도 한다.

우리는 멀리서 불꽃놀이를 보기 위해 동네의 남동쪽 평지에 우뚝 솟아 있는 코요테 산을 향했다. 팀과 나는 친구의 작은 트럭 뒤 가죽 소파에 앉아 산을 올랐다. 촌사람이라 말하겠지만 이런 것이 좋은 걸 어쩌겠는가.

독립기념일 불꽃놀이가 시작되기를 조용히 기다리는 동안, 유리조각 같은 별들이 달도 뜨지 않은 어두운 밤하늘을 비추었다. 첫 번째 폭죽이 터지고 난 후, 수세미와 울퉁불퉁한 바위 위로 미끄러지듯 불어오던 시원한 바람결에 입이 지저분한 어떤 사람의 불쾌한 수다도 함께 전해져 왔다.

사람들이 왜 "쌍시옷"자가 들어간 단어에 그렇게 집착하는지 누구 설명해 줄 사람 없을까? 그 단어 말고는 이야기를 할 수 없는 걸까? 술에 취한 이 열광적인 여자의 목소리가 어찌나 크던지, 그 산에 있던 모든 사람들이 그녀의 고함소리를 들을 수 있었다.

"위대한 미국이여! 나는 위대한 미국인인 내가 미치도록 자랑스럽다! 그래, 미치도록! 누가 듣든 상관없어. 나는 내가 백인 미국인인 것이 미치도록 행복하다! 위대한 백인이라는 것이. 위대한 백인이여, 일어나라!"

주근깨가 가득한 얼굴을 반짝이는 하늘로 더 밀어 넣으며 나는 남편에게 물었다. "하나님이 세상의 소음을 없애고 싶어 하실 것 같지 않아? 아이팟을 귀에 꽂고 대신 음악을 들으시거나 아니면 귀마개라도 하지 않으실까? 사람이 있기 전의 고요한 세상을 그리워하지는 않으실까? 내 생각에는 그러실 거 같아. 우리를 만드신 것을 후회하지는 않으실까?"

"그러실 수도 있지." 팀은 말했다. (팀은 말이 적은 사람이다. 그가 나와 결혼하기 전의 고요함을 그리워하지는 않는지 모르겠다.)

때로, 독립기념일과 같은 날에도, 나는 내가 미국인이라는 사실이 부끄럽다. 하나님께도 죄송하다. 우리가 그분을 얼마나 부끄럽게 만드는지.

하나님은 차별하지 않으시니 얼마나 다행한 일인지 모르겠다. 부모가 네 명의 자녀들을 사랑하듯 하나님은 우리 모두를 똑같이 사랑하지만 각기 다른 방식으로 사랑하신다. 미국인들에게는 한 컵 가득 사랑을 부어 주시는 반면, 수단 사람들에게는 사분의 일 컵 정도로만 사랑하시는 것이 아니다. 하나님은 동성애자나 편협한 사람들을 증오하지 않으신다. 하나님은 누구도 미워하지 않으신다고 성경은 이야기한다. 하나님은 증오를 주장하는 연설가가 아니시다. 하나님은 미련하고 편협한 모든 길에서 우리를 용서하시려고 하나뿐인 독생자를 주기까지 우리를 사랑하셨다.

나는 그렇게 하지 못한다. 가리개로 눈을 가린 영혼을 위해 나의 아들을 내 줄 수는 없다. 산 채로 묻어 버리거나 비통함 가운데 절여지도록 그냥 버려 둘 것이다. 나는 하나님처럼 선하지 않기 때문이다. 넓고 푸른 바다보다 깊은 하나님의 긍휼이 내게는 없다. 내가 좋아하지 않는 사람은 물론이거니와 내가 좋아하는 사람도 그렇게 사랑하기는 어렵다.

그렇다. 자기 의義가 세상의 사람과 믿음의 사람 모두의 질병이라는 것은 증명된 사실이다. 누구라도 이 질병에 전염될 수 있다. 심장병 의사든 촌사람이든 누구든 말이다.

다행히도 치료법이 있다. 당나귀와 이야기하거나 어두운 길에서 귀신을 만날 필요도 없고, 누군가 내 눈에 침을 뱉어 문지를 필요도 없는 치료법이다. 그렇다고 고통이 없는 것은 아니다. 하나님이 내 추악한 부분을 드러내시도록 내어 드려야 하기 때문이다.

늦은 10월 토요일이었다. 세차를 하거나 공을 차기에 딱 알맞은 빛나는 가을날, 막 부엌 바닥의 걸레질을 마쳤을 때 전화가 울렸다. 유년시절 친구였던 그녀는 HIV 검사 결과에서 자신의 남동생이 양성 진단을 받았다고 말했다. 우리 두 사람 모두 그 당시 그것의 양성 결과가 무엇을 의미하는지 정확하게는 알지 못했다.

에이즈에 대해 알지 못했던 많은 사실을 나는 라이언 화이트라는 소년에 대한 글을 통해 배울 수 있었다. 혈우병을 앓다 감염자의 수혈을 받게 된 20대 소년은, 흔히 잘못 이해되고 있는 에이즈라는 질병에 대해 심한 편견을 갖고 있는 국민들을 교육시켜야 하는 어려운 상황에 놓여 있었다. 하지만 내 친구 동생의 경우는 달랐다. 에디는 스물두 살의 잘생긴 동성애자였다.

셋 중 막내였던 에디는 체격이 작았고 운동에는 젬병이었으니 미식축구 선수들과 치어리더로 넘치는 동네에서 자라기는 힘들었을 것이다. 에디는 남부 사람들이 말하는 일명 "마마보이"였다. 에디는 이야기를 재미있게 했을 뿐만 아니라 계획을 짜는 데에도 훌륭했고 함께 있는 사람들을 늘 포복절도하게 했다. 나는 그런 에디를 깊이 아꼈다.

"HIV 양성이 뭐야?" 나는 물었다.

"나도 잘 모르겠어." 알아듣기가 어려울 만큼 작은 목소리로 친구는 대답했다.

"에디가 죽는다는 거야?"

"몰라, 그런데 많이 아파."

"기도할게."

"고마워."

그 전화를 받은 이후 남편과 나는 동성애에 대해 밤늦도록 대화를 나누었다. 그것의 기원과 결과, 확신의 종교 추종자들에게 그것이 의미하는 것. 팀과 나는 가정 사역으로 유명한 '포커스 온 더 패밀리'의 회원이었다. 우리는 동성애의 위험에 대한 제임스 돕슨 박사의 방송을 들었고, 또 회보를 통해 동성애자들의 정치적 의제에 관한 놀랄 만한 소식들을 읽기도 했다. 나는 동성애자들이 미국을 점령하면 어쩌나 걱정을 했다. 학교와 교회에 침투해 우리 아이들을 동성애자로 만드는 것이 그들의 의도는 아닐까? 돕슨 박사는 그런 시나리오에 대해 한 번도 언급하지 않았지만, 공포에 가까운 나의 마음은 자연스럽게 나를 그러한 길로 인도해 갔다.

내 아이들 중에 동성애자가 나오면 어쩌지? 만약 그렇다면 그 아이들은 구원을 잃어버리는 걸까? 영원한 저주를 받는 걸까? 에디는? 에디가 예수님을 사랑했다는 사실을 나는 알고 있다. 에디가 죽으면 그는 지옥에 갈까? 에디는 왜 동성애자가 된 걸까? 하나님이 그를 그렇게 만드신 걸까, 아니면 그가 돌이킬 수 없는 타락의 길을 선택한 걸까?

에디가 암에 걸렸더라면 나는 교회 사무실에 전화를 걸어 중보기도 목록에 그의 이름을 벌써 올려놓았을 것이다. 하지만 에이즈로는 그럴 수 없었다. 통통한 칠면조가 온 동네 오븐에서 지글지글 익어 가는 추수감사절에, 우리 오븐만은 차가운 채 그대로였다. 우리의 부엌은 어두웠고 우리 집은 고요했다.

팀과 나는 아이들을 모아 HIV 양성 진단의 의미와 그 위협에 대해 최선을 다해 설명하며 에디의 상태를 알려 주었다. 하지만 왜 에디가 그 병에 걸리게 되었는지는 설명하지 않았다. 에디가 동성애자라는 이야기는 어디에도 없었다.

우리는 그의 가족을 도울 방법에 대해 의논했다. 누구의 제안이었는지는 기억나지 않지만, 우리 온 가족은 에디를 도울 수 있는 유일한 실질적인 방법을 선택했다. 그것은 그의 건강과 안녕을 위한 금식과 기도였다.

아이들 중 하나가 추수감사절 금식을 제안했다. 추수감사절에 해가 떠서 질 때까지 아무것도 먹지 말자는 제안이었다. 그리고 다음에 벌충하는 것도 금지였다. 그날만 피해 다음날 칠면조를 먹는다면 그게 무슨 금식일까 싶어서였다.

전 가족이 금식을 한 일은 이전에도 이후에도 없었다. 개인적으로야 있었지만. 우리는 행동 지침을 세웠다. 개인적으로도 기도하고 가족이 다 같이 기도하기도 했다. 또 각자 에디의 누나에게 편지를 써서, 우리가 그의 가족을 위해 기도하겠다는 약속을 전했다. 우리는 원래의 계획대로 해가 지고 나서야 냉동식품으로 저녁을 때우고 금식을 마쳤다.

내가 이 글을 쓰는 지금도 에디는 질병과 싸우고 있다. 그 빛나던 10월 어느 날, 에이즈 진단을 받은 이후 그의 면역력은 계속해서 약해졌다. 몇 년은 호전되기도 했지만, 이전처럼 일을 하거나 돌보아 주는 사람이 없이 홀로 지내기는 불가능했다. 그의 건강 문제 중 대부분은 복용하는 약의 부작용이었다. 그의 동성애 파트너는 여러 해 동안 그를 돌보았지만, 치료가 장기화되면서 의료 훈련을 받은 가족 중 한 명이 도움을 주기 시작했다. 에디의 동성애와 그로 인한 에이즈는 그의 가족에게 큰 상처였지만, 가족이기에 에디의 형제들은 그를 버리지 않았다.

대신 그들은 에디를 자신의 집으로 들였다. 그에게 피난처를 제공했다. 그를 입히고 먹였다. 또 의사와 약사에게 그를 데리고 갔다. 교회와 부모님의 장례식장으로도 데리고 다녔다. 그러면서 그들은 내내 자신들이 한때 알던 걱정근심이 없던 이야기꾼이자 위대한 삶을 꿈꾸었던 동생을 잃어버린 것을 애도했다.

에디를 향한 깊은 사랑으로 나는 확신의 종교에 의문을 던지기 시작했다. 그리고 나는 행동했다. 나는 제리 아터번과 스티브 아터번의 훌륭한 책, 『어머니에게 어떻게 말해야 하지?』를 읽었다. 자신의 성性 정체성을 두고 씨름하던 제리의 이야기에 나는 눈물을 흘렸고 형제의 죽음에 대한 스티브의 이야기에 더욱 많은 눈물을 흘렸다. 그 책을 다 읽은 후, 나는 그들의 어머니에게 전화를 걸어 심심한 위로의 말을 전했다.

내가 살던 오리건 주 외곽은 애틀랜타, 시애틀, 포틀랜드, 덴버 교회들과 지역 사회에서 일어나던 각성과는 너무나도 동떨어진 먼 곳이었다.

동성애는 부당한 수군거림이나 뜨거운 규탄의 화제였다. 포커스 온 더 패밀리에서 최근 기사를 인용하는 것을 제외하면 목사님이 동성애 문제를 언급하시는 일은 없었다. 대부분 농사일이나 목축업을 하는 우리 지역 사람들은 그 개념조차 잘 이해하지 못했다.

1998년 급우들에게 '호모'라 조롱을 받던 한 고등학생에 대한 기사를 썼다가 나는 동네에서 쫓겨날 뻔했다. 그 지역의 변호사인 그 학생의 아버지는 학교 행정관들과 의견 조율을 시도해 보았지만 실패하자 내게 연락을 해 왔다. 그리고 아들이 겪는 괴롭힘에 대해 기사를 써 달라는 부탁을 했다.

그 학생의 부모들은 자신의 아들을 향한 폭력이 심화될 것을 우려했지만 교장은 그러한 우려를 묵살했다. 대신 그는 아들의 성 정체성을 받아들이라고 그들에게 충고했다. 그들의 아들은 금발 머리에 떡 벌어진 어깨, 깎아 놓은 듯한 턱선까지, 한 마디로 잘생긴 청년이었다. 그는 수영 대회에서 입상한 실력의 소유자였을 뿐만 아니라 교내 합창단의 단원이기도 했다. 시골 학교 인기 있는 아이들과 어울리지 못할 뿐이지, 자신은 동성애자가 아니라고 아이는 주장했다. 학교의 남자아이들에게 그의 주장은 그리 중요하지 않았다. 그들이 '호모'라 부르면 동성애자인 것이었다.

기사를 쓰자니 몇 가지가 마음에 걸렸다. 중요하게는 아이가 괴롭힘을 당하고 있는 학교에서 팀이 일하고 있다는 사실과 내가 이 지역사회에서는 보수적인 그리스도인의 대변인으로 알려져 있다는 사실이었다. 내가 동성애자를 대변하는 목소리를 낸다면 그 그리스도인들은 나를 어떻게 생각할까? 그리고 팀은 직장에서 곤란을 겪겠지?

하지만 내가 그 기사를 쓰리라는 사실만큼은 분명했다. 내 꿈에 나타난 원숭이 때문만은 아니었다.

이 특별한 꿈은 휘황찬란한 보랏빛 얼굴과 엉덩이를 갖고 있는 시끄러운 원숭이와 함께 시작했다. (엉덩이로 말하지 않았으니 그나마 감사한 일이었다.) 나는 우리 집 뒷마당 그루터기에 앉아 손가락을 휘두르며 내게 "내 말 좀 들어 보라고!" 하며 소리치는 원숭이를 발견했다.

"듣고 있어, 말해." 짜증 섞인 목소리로 나는 대답했다.

"양날의 칼은 양쪽을 모두 벤다는 걸 명심해."

"뭐?" 나는 왜 원숭이가 칼에 대한 이야기를 할까 어리둥절했다. 취미가 펜싱이라도 되는 걸까?

원숭이는 같은 말을 되풀이했고, "내 말을 명심해"라는 말을 남기고 이웃집 마당으로 휙 사라져 버렸다.

나는 팀을 부르며 집 안으로 뛰어 들어갔다. (물론 여전히 꿈속 이야기다.) 팀은 식탁에 앉아 신문을 읽고 있었다.

"우리 집 뒷마당에 말하는 원숭이가 있어!"

"음." 평소와 다름없는 목소리로 팀은 대답했다. (실제의 삶을 반영하는 꿈이라고 해야 할 것이다.)

"뭐라고 했는데?"

"양날의 칼을 기억하라고. 그러고 나서 말씀을 주었어."

"무슨 말씀?"

"요한계시록 1장 2절."

그때 나는 화들짝 깨어 일어났고, 그 순간 다른 여자와 결혼하는 꿈을 꾸고 있었다는 팀을 흔들어 깨웠다. 엉덩이가 보라색이던 원숭이와 그의 경고, 성경 말씀에 대해 이야기했다.

"무슨 뜻일까?"

"성경에서 양날의 칼은 진리를 가리키지." 하품을 하며 팀은 대답했다.

"또 다른 말씀은?"

팀은 몸을 기울여 자신의 낡은 성경을 집어 들고는 「요한계시록」 1장 2절을 읽었다. "요한은 하나님의 말씀과 예수 그리스도의 증거 곧 자기의 본 것을 다 증언하였느니라."

"그게 무슨 뜻일까?" 나는 원숭이가 나에게 준 충고를 무시하고 싶지 않았다.

"내 생각에는 당신이 보고 듣는 모든 것들을 글로 쓴다면, 많은 사람들이 당신에게 성을 낼 거라는 의미 같은데. 그리스도인이든 아니든." 팀은 대답했다.

지금까지는 그의 생각이 적중했다. 나는 이제까지 원숭이의 충고에 관한 그의 해석에 잘 부응해 왔다.

그 기사를 쓰기에 앞서 나는 괴롭힘에 대한 그들의 이야기를 듣기 위해 학교로 연락했다. 그리고 교육감과 교장 선생님과의 비공개 회의를 요청했다. 그러고 나서야 나는 기사를 썼다.

그 기사가 「이스트 오레고니안」에 실리던 날, 학교 교장 선생님은 수업이 시작되기 전에 전 직원 긴급회의를 소집했다. 이런 회의는 학생이나 직원이 갑작스레 죽었을 때에나 있는 일이었다. 회의장으로 모이던 고등학교 선생님들은 내 기사를 한 장씩 받아들었다. 내 남편이 있는 자리에서 그 교장 선생님은 나의 기사를 쓰레기라고 폄하했다. 그리고 이런 괴롭힘은 일어난 적이 없다고 주장했다. 내가 자신에게 자유롭게 이야기하고 그 학생과 부모가 주장한 기록을 수정할 기회를 주었다는 사실에 대해서는 전혀 언급하지 않았다.

한편 집에 있던 내 앞으로 동성애 운동가 단체들의 전화가 걸려왔고, 그들은 내 기사를 자신의 회보들에 올리고 싶어 했다. 보수적인 그리스도인이라 알려진 기자의 글을 동성애 운동가들이 사용하고 싶어 한다니 재미있는 일이었다. 나는 그들이 내 기사를 그들 개인적인 목적을 위해 사용할까 봐 걱정스러워서 그들의 요구를 거절했다.

―⁂―

나는 동성애에 대해 어떤 소신을 가져야 할지 솔직히 잘 모른다. 이 문제에 대해 내가 배워 온 것이라고는, 사회적 전통이나 「레위기」의 율법이 다였다. 동성애의 타락에 대해 투덜대는 사람들이라도 여전히 바닷가재를 가리지 않고 먹으며, 돼지고기를 먹는다. 더욱이 「레위기」의 율법을 따르기 위해, 부모에게 욕을 했다는 이유로 자녀를 돌로 쳐 죽일 사람이 어디에 있을까? 「로마서」 1장과 「고린도후서」 12장을 들먹이는 사람들도 신빙성이 없기는 마찬가지다. 그 이유는 단순하다. 그들이 그 장에 기록된 험담, 분노, 싸움과 같은 다른 죄들에 대해 같은 무게로 비난하지 않기 때문이다. 동성애자들의 죄만이 더욱 분명히 드러날 뿐이다. 그 외 다른 사람들은 누가 의롭고 그렇지 않은지에 대해 생각해 볼 여지가 없도록 말이다.

그 기사를 쓴 지 10년이 지났다. 현재 남편은 다른 학교에서 근무하고 있다. 종종 나는 내가 기자로 처음 일했던 곳을 방문한다. 지난주에도 밀 트럭 사고로 죽은 열여섯 살인 친구 아들의 장례식에 참석하기 위해 그곳에 다녀왔다.

케이슨 터제슨의 장례식에는 온 동네 사람들이 다 참석한 듯했다. 더그 웰스와 바브 호젠이 장례식을 진행하는 동안, 경사진 공동묘지 잔디에 선 내 구두 굽은 축축한 땅 속을 파고들었다. 장례식 중간에 케이슨의 누나 리디아와 몇몇 친구들이 케이슨이 생전에 아끼던 모자들을 꺼내 썼다. 밀 추수 기간 동안 썼던 녹색의 등산모자가 보였다. 도서관 사서였던 어머니 덕에 『모자를 쓴 고양이』에 나오는 고양이의 생일 때마다 매년 썼던 닥터 수스 모자, 해리포터 모자, 흰색 카우보이모자까지. 그리고 오렌지와 검은 색이 섞인 오리건 주립대학 야구 모자가 등장했을 땐 천둥 같은 박수와 약간의 비명소리가 나오기도 했다. 시시때때마다 필요한 모든 모자들을 갖추고 있던 케이슨에 대해 친구들은 그가 시간과 장소를 가리지 않고 모자를 즐겨 썼다고 회상한다.

그의 가족은, 영리하고 명석했던 아들이 스스로 만든 열한 번째 계명을 따라 살았다고 이야기했다. "공부벌레들에게 친절해라. 언젠가 그들이 당신의 상사가 될 수도 있으니."

케이슨과 같이 자신감에 넘치는 아이는 드물다. 그는 건방지지 않았다. 단지 가족과 친구들의 사랑에 자신만만해했다. 케이슨은 자신이 다르다는 사실을 두려워하지 않았다. 그는 하나님과 다른 사람들이 자신이 무엇을 가졌고, 또 할 수 있기 때문이 아니라, 있는 그대로의 자신을 사랑한다고 진심으로 믿었다. 그리고 그러한 사랑은 사람을 자유롭게 만들어 준다.

장례식장에서 나는 수년 전 동성애자라는 놀림을 받은 아이의 아버지도 만났다. 자신의 아들은 여러 가지 다른 아픔들뿐만 아니라 고3 시절의 아픔을 여전히 해결하려 애쓰고 있다고 말했다.

"막대기와 돌멩이는 내 뼈를 부술 수 있다지만 말은 나를 해치지 못한다."는 옛말은 완전히 거짓말이다. 상한 뼈와 달리 상한 마음은 치유되기까지 수 십 년의 시간이 걸리기도 한다.

두 명의 학생들 사이의 다른 점에 대해 생각하고 있자니 눈물이 어찌나 흐르는지 타이핑을 하기가 곤란할 정도다. 둘 모두 강건하고 사랑이 많은 그리스도인 가정에서 자랐고 케이슨의 친구들은 그를 완벽한 공부벌레라는 있는 그대로의 모습으로 인정해 주었다. 덕분에 케이슨은 많은 사람들은 알지 못하는 자유를 알 수 있었다. 반면에 다른 한 학생은 편협함이라는 기억의 사슬에 묶여 지금까지도 그 사슬을 끊어내지 못하고 있다.

10년 전 그 고등학교에서 일어난 사건에 대해서는 언급하면서도 나는 정작 그 학생이나 가족의 이름에 대해서는 함구했다. 긴 시간이 흘렀지만 여전히 그 사실을 언급하는 것은 조심스럽다. 그 가족을 아는 사람들이 커피숍이나 이웃들이 모인 식사 자리에서 그 아이가 진짜 동성애자였는지, 아닌지 다시 한 번 수군댈 것이 분명하기 때문이다. 자신들의 편협함이나 험담은 정죄 받지 않을 거라고 생각하면서 말이다. 화제의 중심은 그 아이가 동성애자인지 아닌지 그리고 "그렇게 좋은" 부모들에게서 어떻게 그런 끔찍한 일이 일어났을까가 될 게 뻔하다.

나는 왜 사람들이 유독 동성애만을 죄 중의 죄로 추려내는지 아무래도 이해할 수가 없다. 다른 죄와 그 죄를 범하는 사람들은 타락한 세상의 어쩔 수 없는 일부분으로 인정하면서 말이다. 왜 유독 동성애자들만 우리 믿음의 공동체에서 악마의 대접을 받는 걸까?

에디의 질병, 조롱당한 아이와 그 가족의 고통을 대하면서 나는 스스로에게 이런 질문을 했다. 이러한 질문은 나뿐 아니라 궁극적으로는 내 가족 모두에게 매우 중요했다. 나는 내 믿음을 다시 정의하기 시작했다. 처음으로 모든 것에 대해 더 이상 그렇게 자신할 수 없다는 사실을 스스로 인정했다. 또한 나는 의심의 그림자 속에서 믿음의 삶을 살아간다는 의미를 진지하게 생각하기 시작했다.

{ 9 }
떨어지는 눈발 같은

다니엘 태멋의 재능은 특별하다. 10개 국어를 구사할 뿐만 아니라 파이pi를 22,514자릿수까지 읊기도 한다. 태멧은 대단한 두뇌를 가진 자폐성 석학이다. 그는 파이를 풍경처럼 본다. 다른 사람들도 볼 수 있도록 자신이 그려내야 할 산속 강 계곡의 아름다운 풍경처럼 말이다.

다니엘에게 소수素數는 쾌감을, 숫자 6은 텅 비고 우울한 기분을 준다. 그는 사람들도 숫자로 본다. 토크쇼 진행자 데이비드 레터맨을 보고 그는 숫자 117을 떠올렸는데 키가 크고 마른 그의 체격 때문이었다. 태멧은 요일과 단어는 색깔로 이해한다. 수요일은 푸른색이며 W로 시작하는 다른 단어들도 마찬가지다. 이러한 이야기는 그의 책 『브레인맨, 천국을 만나다』(북하우스 역간)에 더욱 자세히 기록되어 있다.

그가 앓는 아스퍼거 증후군은 많이 알려지지 않은 질병이었기 때문에, 자라는 동안 그는 걱정을 많이 해야 했다. 그는 자신이 세상으로부터 격리되었고 또래들과는 다른 외톨이라고 느꼈다.

나는 작가다. 나는 어떤 것에서도 숫자를 떠올리지 못한다. 심지어는 숫자가 보여야 할 통장 입금 내역에도 숫자 대신 '도와주세요, 예수님!'이라는 낙서가 들어가 있을 정도다. 내가 시각화할 수 있는 유일한 숫자는 소변을 가리키는 1과 대변을 가리키는 2뿐이다. 무슨 이유인지, 어릴 적 나는 이 숫자들의 의미를 한 번도 제대로 배운 적이 없지만 말이다.

잠들려는 순간 하얀 빛의 폭발 가운데 숫자들이 빙빙 돌 때가 있다고 태멧은 말한다. 고기 밥 주변으로 몰려드는 물고기들처럼 수백, 수천의 숫자들이 수영을 한다. 아름다울 뿐만 아니라 진정 효과까지 있다고 한다. 나는 아니다. 글로 쓰고 있는 지금도 나는 두통으로 괴로울 정도다.

자폐 환자만 외톨이라는 두려움을 느끼는 것은 아니다. 동성애가 미국에 만연한 악의 책임이 아니라는 결론을 내린 후로, 나 역시 줄곧 숫자 6의 기분을 느꼈다. 가족 중에는 나를 위해 기도하는 사람도 있다. 그들은 내가 어둠의 세력과 어울려 춤을 추는 열정적 자유주의 기자가 되었다고 생각한다. 하지만 정작 열정적 자유주의 기자들은 나를 그렇게 생각하지 않는다. 그들에게 나는 새빨간 열정적 기독교 원리주의자일 뿐이다.

내가 만일 가수였다면 나는 "사랑이라는 이름으로 추방된"이라는 제목의 노래를 만들었을 것이다. 그리고 동성애자 친구들을 모아 골반바지를 입은 코러스와 겨자씨 목걸이를 두른 드럼주자로 밴드를 구성해 순회공연을 떠났겠지. 무엇을 입을지 고민했겠지만 다른 동성애자 친구들에게는 나를 데미 무어처럼 아름답게 꾸며줄 멋진 아이디어가 있었을 거라고 확신한다.

남편 팀의 이름은 태멧이 아름답다고 말한 333이 어떨까. 아니면 떨어지는 눈발 같다던 89도 괜찮을 거야. 모든 사람들이, 심지어 겨울을 좋아하지 않는 나조차도 떨어지는 눈발은 아름답다고 생각하니까. 대부분의 사람들은 증오를 뜨거운 단어라고 생각한다. 나는 아니다. 나는 증오를 모든 단어들 중에 가장 차가운 단어라고 생각한다. 단어들을 색으로 볼 수 있다면 증오는 파란색이지 않을까? 죽음의 기운을 띤 파란색.

대부분의 동성애자들에겐 사랑이라는 이름으로 추방당한 경험이 있을 테니 우리 노래는 큰 인기를 얻을 것이 틀림없다. 보통은 그리스도인 어머니나 아버지가 동성애자인 아들이나 딸과의 인연을 끊어 버린다. 아니면 반대일 수도 있다. 그리스도인들과 동성애자들은 참으로 오랫동안 서로를 미워해 왔다.

대부분의 그리스도인들은 이러한 사실을 인정하지 않는다. 누군가를 미워하는 것이 죄라는 사실을 아는 그들은 대신 이렇게 말한다. "내 친구 중에 동성애자가 있어. 나는 그를 미워하지 않아. 그의 죄를 미워할 뿐이지." 하지만 그들은 다른 사람들과 그들의 죄에 대해서는 그렇게 말하지 않는다. "내 동생의 남자관계는 단정하지가 못해. 하지만 나는 내 동생을 사랑해. 그 아이의 죄를 미워할 뿐이야." 이렇게 말하는 사람을 난 본 적이 없다.

교회를 다니는 사람들은 서로를 음란하다고 말하지 않는데, 그 이유는 다른 사람들을 그렇게 부르는 것이 그리스도인답지 못하기 때문이다. 예수님이 음란한 여인을 만났을 때, 예수님은 바닥에 무언가 끄적거리시며 그녀를 자신에게로 부르셨고 모인 무리에게는 그녀에게 돌을 던지라고 말씀하셨다. 예수님이 그 여인과 함께 계셨기 때문에 누구도 그녀를 향해 돌을 던지지는 못했다. 예수님이 그 자리에 없었더라면 그 음란한 여인이 돌에 맞아 죽기까지는 몇 분이면 충분했을 것이다.

나는 워싱턴 주립대학교에서 온 한 학생과 이야기를 나누고 있었다. 레이는 매우 똑똑할 뿐만 아니라 텔레비전 드라마「로스트」에 나오는 매튜 폭스를 닮기까지 했다. 잘생긴 청년이었다. 나는 오랫동안 레이를 알아 왔고 예수님을 깊이 사랑하는 그의 마음에 대해서도 잘 알고 있다. 그는 자타가 공인하는 헌신된 그리스도인이었다. 그리스도인 어머니들이 아들과 사위로 삼고 싶어 하는 그런 청년이었다. 레이의 사촌 중 하나가 동성애자였기 때문에 그는 이 문제에 대해 많은 생각을 해 왔다. 그는 자신의 사촌을 사랑했고 그를 향한 하나님의 최선을 바랐지만 동성애가 사촌을 향한 하나님의 계획은 아니라고 확신했다. 그는 동성애를 선택의 문제라고 생각했다. 레이는 하나님이 원하시는 올바른 선택을 사촌이 할 수 있고, 따라서 이성애자가 될 수도 있다고 생각했다.

레이의 말이 맞을 수도 있다. 삶이 지루하기 때문에, 혹은 반항심으로 잠시 동성애를 시도해 보려는 사람들도 분명 있다. 내가 솔트레이크시티 호텔에서 만난 케이트는 엄마의 모르몬경에 손을 얹고 자신은 동성애자가 아니라고 맹세를 거듭했지만 그녀 역시 잠깐이지만 동성애자의 삶에 빠져 지냈다. 유타 미스 동성애자 대회에서 우승을 해 왕관을 쓰고 시내 퍼레이드에 나가기도 했다.

케이트의 우승은 많은 논란을 불러왔다. 그 이유는 케이트가 남자가 아닌 여자였고, 여자가 참석할 수 없다는 공식 규정은 없었지만 유타 미스 동성애 대회는 여장 남자들을 위한 대회였기 때문이었다. 모르몬교도인 그녀의 어머니가 케이트의 타이틀을 홍보하는 판촉물을 발견한 이후, 이 논란은 더욱 화제가 되었다. 그녀의 어머니는 케이트를 성경공부와 집중 기도치료를 하는 곳으로 데리고 갔다. 이 어머니를 누가 원망하겠는가. 나라도 그렇게 했을 것 같다. 그것은 케이트가 동성애자가 되고 싶어 했기 때문이 아니라 혼란에 빠져 있었기 때문이다. 케이트는 큰일이 아니라는 듯 수줍은 듯이 미소를 지으며 모든 사람들이 한번쯤은 동성애를 시도해 본다고 말했다.

"사실 저는 동성애자가 아니에요. 혹시나 하는 마음으로 한 번 시도해 본 것뿐이예요. 모두 그런 경험이 있지 않나요?"

나는 어깨를 으쓱했다. "아니, 절대 그렇지 않아"라는 내 식의 대답이었다. 스물다섯 살인 나의 딸 셸비는 힘차게 고개를 가로젓는다. 자신은 시도해 보지 않았으며, 그리고 모든 사람이 그 사실을 알아야 한다는 듯이. 내가 아는 사람들 가운데 동성애를 시도해 본 사람은 거의 없었다. 물론 내가 전적으로 확신할 수 있는 문제는 아니지만 적어도 그 사람들의 자백으로 본다면 말이다.

자신에게 동성애자가 되고 말고의 선택권이 있다면, 왜 사람들은 동성애자가 되겠다고 선택하는지 모르겠다. 그것은 내가 이유를 이해하기 어려운 문제 가운데 하나다. 다니엘 태멧이 요일을 색으로 보듯이, 만일 성을 음식에 비유한다면 이성간의 성관계는 초콜릿을 뿌린 아이스크림이고, 동성간의 성관계는 간과 양파 요리일 것이다. 정말 몇몇의 사람들만이 아이스크림 대신 간과 양파를 선호하지 않을까. 그 외 대부분의 다른 사람들은 간과 양파를 보고는 "뭐야, 너무 역겨워!" 하고 소리를 지를 것이다. 반면 아이스크림은 게걸스럽게 먹을 것이다. 그냥 음식이라면 간과 양파에 사족을 못 쓰는 내 남편이야 실제로 그런 것을 선택하겠지만 나는 그런 걸 절대로 요리해 줄 마음은 없다.

케이트와 같은 사람들에겐 동성애가 후천적 기호였겠지만 대부분의 동성애자들은 선천적으로 그렇게 만들어진 사람들이라고 나는 생각한다. 누구는 간을 좋아하고 다른 누구는 초콜릿을 좋아하듯이 말이다. 왜 그렇게 만들어졌는지는 나도 모른다. 하지만 레이를 비롯한 많은 사람들의 문제는, 하나님이 간을 먹는 것은 죄라고 말씀하지 않으셨지만, 남자가 여자가 되어 남자와 함께 눕는 것은 내가 간과 양파에 대해 느끼는 것처럼 혐오스럽다고 말씀하셨다는 사실이다. 완벽한 세상에서야 누구도 이러한 문제에 대해 걱정하지 않겠지만 우리는 완벽한 세상에 살고 있지 않다. 우리는 타락한 세상에서 살고 있고, 이 문제를 해결하기 위해 우리는 최선을 다해야 한다.

개인적으로 나는 내가 원하는 때에 초콜릿 뿌린 아이스크림을 먹을 수만 있다면 다른 사람들이 무엇을 먹든 별 관심이 없다. 하지만 레이는 동성애자들은 모든 사람이 간을 먹도록 강요할 것이고 따라서 그들이 미국을 망쳐 놓을 거라 생각한다.

"내가 가장 걱정하는 것은 아이들이에요. 동성애자 부모 밑에서 자란 아이들은 나중에 동성애자가 될 거라고요." 레이의 말이다.

솔직하게 말해 보자. 바닐라보다 양파를 선호하는 아버지 밑에서 자랐지만 우리 네 아이들 중 누구도 아이스크림보다 간이나 양파를 더 좋아하지 않는다. 아이스크림보다 간이 좋다는 아이를 나는 단 한 명도 만나 보지 못했지만 이런 식의 논리만큼은 익숙하다. 조지아에서의 유년 시절, 주일학교 선생님은 왜 예쁜 백인 여자아이들이 아무리 그리스도인이라도 흑인 남자아이들과 데이트를 해서는 안 되는지에 대해 이렇게 설명하셨다.

"인종이 다른 사람과의 결혼은 자녀들에게 힘든 일이에요. 그 아이들은 어디에도 소속될 수가 없어요. 그 때문에 하나님이 멍에를 같이하지 말라고 말씀하신 거예요."

여러 세대를 거치는 동안 아이들은 고린도교회의 성도들에게 준 믿지 않는 자들과 멍에를 같이하지 말라는 바울의 가르침을 비틀어 교회에서 제정한 인종차별을 배워 왔고 지금도 여전히 배우고 있다. 하나님은 백인 여자와 흑인 남자, 아니면 흑인 여자와 백인 남자가 데이트를 하고 자녀를 낳는 것을 금지하지 않으셨다. 이는 편협한 사람들의 생각이다.

어린 시절 나는 알지 못했다. 다만 들은 대로 믿었을 뿐이다. 그것이 내가 확신의 종교에 빠지게 된 경유다. 온 마음과 뜻과 힘과 목숨을 다해 믿기만 하면 나는 그것이 진리가 된다고 생각했다. 그것을 믿는 사람들이 많다고, 진리가 더욱 진리가 되는 것은 아니라는 사실을 나는 알지 못했다. 태멧이 부끄러움을 많이 타고 조용하지만 그것만으로 충분하다고 말한 숫자 4처럼, 진리는 홀로 서 있을 수 있다.

어떤 사람이 미국에 존재하는 모든 악의 책임이 동성애자들에게 있다고 주장하며 돌아다닌다고 해서 그것이 진리가 되는 것은 아니다. 그것은 사람들을 혼란스럽게 하고, 마음과 뜻과 힘과 목숨을 다해 하나님을 사랑하고 우리의 이웃을 동성애자 이웃까지도 자신과 같이 사랑하라고 하신 그리스도의 메시지를 잊도록 만들뿐이다. 그것은 엄청나게 뻔뻔한 거짓말이다. 우리는 서로에 대한 증오를 내려놓아야 한다. 우리가 먼저 심판받기 전에 우리 손에 든 돌을 내려놓아야 한다. 남을 향해 돌을 던지기 전에 숨을 깊이 들이마시고 열까지 세어보자.

이것이 다니엘 태멧의 방법이다. 혼란스럽고 스트레스가 몰려올 때 그는 눈을 감고 숫자를 센다. 숫자들은 그를 진정시킨다. 그는 모든 숫자가 특별하고, 자신이 무엇을 하든지 그 숫자들은 자신의 생각에서 멀리 있지 않다고 생각한다. 색과 풍경, 형태와 순서의 연속선으로 세상을 보는 태멧의 눈은, 하나님이 우리를 바라보시는 방법과 매우 비슷하다. 우리 한 사람 한 사람은 하나님께 특별하며 하나님의 생각에서 멀리 있지 않다.

{ 10 }
하나님께 복수하다

이른 시월 비행기를 갈아타기 위해 애틀랜타 공항을 가로질러 걷고 있었을 때, 다섯 명의 여학생의 목숨을 앗아가고 다른 다섯 명에게는 부상을 남긴 펜실베이니아 총기난사 사건에 대한 뉴스가 CNN에서 보도되고 있었다. 아미쉬 공동체는 우리 문화에서 보기 어려웠던 용서의 모범을 보여 주고 있다고 아나운서가 말했다.

바로 전 월요일 아침 10시가 조금 넘은 시각에 트럭 운전사인 찰스 로버츠는 교실이 하나인 한 아미쉬 학교를 찾았다. 그는 선생님에게 자신의 연장을 잃어버렸다면서 혹시 보았는지 물었다. 선생님은 보지 못했지만 혹시라도 보게 되면 알려 주겠다고 했다. 몇 분이 지나 로버츠가 다시 돌아왔을 때 선생님과 학생들은 그의 손에 총이 들려있는 것을 보았다. 선생님과 그녀의 어머니는 구조 요청을 하기 위해 전화가 있는 집으로 뛰어갔다.

로버츠는 열다섯 명의 남자아이들과 열한 명의 여자아이들을 교실 뒤쪽 바닥에 엎드리게 했다. 그는 그동안 모아 두었던 전기 충격기, 권총, 엽총, 탄약 그리고 줄을 가지고 들어왔다. 그는 문을 막기 전 교실에 있던 두 명의 여자와 그들의 아이들을 밖으로 내보내 주고 남자아이들도 모두 풀어 주었다. 아홉 살이던 엠마 피셔는 오빠를 따라 용케 빠져 나왔다. 하지만 다른 두 명의 자매는 그러지 못했다.

사람들의 말로는 자신의 세 아이들에게 헌신적인 아빠였다는 로버츠는 이어 남아 있는 여자아이들을 칠판 앞으로 나란히 세웠다. 아이들은 그가 시키는 대로 했다. 그는 아이들의 발을 다른 아이들의 발에 차례차례 묶었다. 경찰들이 집결하는 동안 그는 총을 쏘기 시작했다. 문을 열고 들어올 수 없었던 경찰은 교실의 창문을 깨고 들어왔다. 로버츠는 열 명의 아이들을 모두 쏘았다. 마치 사형을 집행하듯 여러 발의 총을 쏘았다.

그중 가장 큰 아이였던 열세 살 마리안 피셔는 다른 아이들을 구하기 위해 자신을 가장 먼저 쏘아 달라고 로버츠에게 부탁했다고 한다. 마리안에게 믿음은 안식일에만 지키는 것이 아니라, 매 순간마다 살아야 할 삶의 방식이었던 것이다.

로버츠는 아미쉬 사람이 아니었다. 그들의 농장에서 나는 우유를 운반하며 그들과 장사를 했을 뿐이었다. 이 총격 사건은 그가 아미쉬 사람들을 상대로 저지른 범죄가 아니라 하나님에 대한 복수였다. 그의 아내 마리와의 마지막 통화 내용과 남겨 둔 몇 장의 유서에는 지난 날 자신의 범죄와 하나님의 행위에 대한 그의 분노가 잘 나타나 있었다. 20년 전 그가 열두 살이었을 때 그는 자신보다 어린 두 명의 사촌을 성폭행했었다. 정작 두 사촌은 그런 기억이 없다고 부인하지만 그 일에 대한 죄책감이 로버츠를 괴롭게 만들었던 것 같다.

로버츠는 또한 조산으로 태어나 죽은 자신의 딸아이에 대해서도 언급했다. 그의 슬픔이 분노와 뒤섞여 있었다. 그의 분노가 오랜 시간 동안 곪고 있었다. 딸아이가 죽은 지 거의 10년이 지났다. 어떤 사람은 그가 의도적으로 열 명의 여자아이들을 죽인 것이라고 말하기도 했다. 딸아이 없이 지낸 1년에 한 명씩 죽였다는 계산이다. 하나님의 마음을 상하게 하려는 그의 사악한 징계였다.

신실함과 평화주의로 널리 알려진 이 공동체를 공격하는 것보다 하나님께 복수하기에 더 적절한 방법이 어디 있겠는가! 자신의 폭력을 분출시키면 우리 중 가장 헌신된 사람이라도 하나님을 저주하도록 할 수 있으리라고 생각했던 것일까? 아니면 다른 사람들을 위협하면서 그는 쾌락을 즐겼던 것일까? 하나님께 울며 기도하는 아이들의 머리에 총을 겨누며 자신의 힘을 만끽했을까? 하나님을 조롱하려는 의도였을까? 이런 질문에 대한 답변을 우리는 결코 들을 수 없다. 경찰들이 교실로 진입했을 때는 이미 그는 자신의 총으로 자살을 했기 때문이다.

멀지 않은 그의 집에서 마리 로버츠는 남편이 자신에게 남긴 그들 딸의 죽음에 대한 비통함이 자세히 적혀 있는 유서를 읽고 있었다. "나는 그 일 이후로 완전히 다른 사람이 되었어. 그 일은 내가 이전에는 상상도 못했던 감정을 느끼도록 만들었지. 나 자신과 하나님을 향한 너무나 큰 증오와 상상도 못할 공허함이 나를 가득 채웠어. 우리에게 즐거운 일이 생길 때마다 나는 우리와 함께하지 못한 엘리스를 떠올렸고 바로 분노의 상태로 돌아갔어."

자녀를 잃어 본 부모, 부모를 잃어 본 자녀라면 로버츠가 경험한 "상상도 못할 공허함"이 무엇인지 잘 알고 있다. 하지만 대부분의 사람들은 그런 슬픔과 맞서 싸운다. 치료 전문가나 우리의 이야기를 들어 줄 친구를 찾고 시를 읽거나 음악을 듣고 운동을 하고 수심에 잠기고 쇼핑을 하고 기도를 하고 소리를 지르고 울고 또 운다.

분노는 슬픔에 대한 정상적인 반응이라고 전문가들은 말한다. 더 이상은 아무것도 할 수 없다는 의사에게, 술에 취해 음주 운전을 한 사람에게, 평생 지지리도 따라 주지 않는 행운에 화를 내는 것은 정상이다. "이건 공평하지 않아, 불공평해!"라고 소리를 지르며 화를 내도 괜찮다. 우리에겐 화낼 권리가 있다. 인생은 죽음으로 끝나도록 만들어지지 않았다. 죽음은 우리의 궁극적인 적이다. 한밤의 도적이자 대낮의 훼멸자다.

우리 중 많은 사람들처럼 로버츠는 딸의 죽음을 두고 하나님을 원망했다. 왜 능력이 많고 모든 것을 알고 계시며 사랑이 많은 하나님이 내 딸을 지켜 주지 않으신 걸까? 아니면 미리 알려 주셔서 내가 그 일을 방지할 수 있도록 해 주지 않으신 걸까?

로버츠가 쏜 열 명의 아이들, 특히 그중에서 죽은 다섯 아이들의 부모는 로버츠가 그랬던 것처럼 하나님께 간청하고 또 하나님을 원망할 수도 있었다. 그 아미쉬 아버지들 중 하나라도 로버츠의 집에 쳐들어가 그의 아내와 아이들을 죽이려 했다 하더라도, 우리는 그의 행동을 이해했을 것이다. 슬픔에 쌓여서 "나라도 그렇게 했을 거야."라면서 말이다.

하지만 어린 딸들의 피가 굳기도 전에 아이들의 어머니들과 아버지들, 할머니들, 할아버지들은 죽은 남자의 가족에게 용서의 손을 내밀었다. 사건이 일어난 그날 저녁 한 아미쉬 남자는 그들이 모든 것을 용서했다는 사실을 이야기해 주려 그 가족을 방문하기까지 했다. 아미쉬 사람들은 다른 사람들에게 로버츠의 아내와 그의 아이들을 위해 기도해 달라고 요청했다. 미국 전역에서 모금된 성금이 아미쉬 공동체에 전달되었고 아미쉬 사람들은 그중 일부를 로버츠 가족을 위한 기금으로 따로 떼어 냈다. 보통은 외부 사람들과 교류하지 않지만 그들은 아이들의 장례식장으로 로버츠의 아내를 초청하기도 했다.

한 희생자의 할아버지는 아미쉬 남자아이들에게 "그 사람을 나쁘게 생각하지 말라"고 다짐을 시켰다. 아미쉬 공동체 학자인 거트루드 헌팅톤은 이렇게 설명한다. "그들의 상처는 매우 깊지만, 그들은 그 상처의 균형을 증오로 맞추지 않습니다." 아미쉬 공동체의 다른 일원은 이렇게 표현했다. "하나님이 우리를 용서하시도록 우리는 그 사람을 용서해야 합니다.

총을 쏜 그를 어떻게 용서할 수 있느냐는 NBC 특파원의 질문에 한 희생자의 할아버지는 대답했다. "하나님을 통해서 우리는 용서할 수 있습니다."

사건이 있고 그 다음 해 아미쉬 공동체는 용서에 대한 약속을 다시 한번 확인하는, 다만 그러한 약속이 쉽지 않다는 사실을 덧붙여 성명을 발표했다. "용서는 여정입니다…적대감의 포로가 되지 않겠다는 결심을 하고 또 그 결심을 붙들기 위해서는 믿음의 공동체와 하나님(그리고 때로는 상담가들)의 도움이 필요하지요…적대감은 공동체를 무너뜨립니다."

이 정도의 은혜를 우리 사회에서 보기는 쉽지가 않다. 사실 우리는 쉽게 용서하는 사람들을 오히려 의심한다. 마음이 약하거나 성질이 없는 사람으로 치부하면서. 용서의 이유가 종교적 윤리 강령 때문이라면 종교는 임시적 도움일 뿐이라는 생각이 우리 밑바닥엔 깔려 있다. 그것은 어려운 상황을 빠져 나갈 뒷문 같은 것이다.

보통 이 아미쉬 공동체가 보여 준 신앙심에는 지난 수년간 교회와 기독교 단체에 아첨해 온 정치인들의 추문에 진저리를 쳐 온 대중매체의 회의가 따라 붙기 마련이다. 하지만 우리가 아미쉬 사람들의 부인할 수 없는 긍휼의 능력에 할 말을 잃고 고개를 절레절레 흔들며 놀라 서 있는 동안, 그들은 모든 비평의 소리를 잠잠하게 만들었다. 그들은 어떻게 그럴 수 있었을까?

∽

미국은 온유한 나라가 아니라 막강한 나라며 우리는 그러한 사실을 매우 자랑스럽게 여긴다. 우리가 원하는 것은 정의지, 용서가 아니다. 토비 키스의 노래 가사가 잘 설명해 준다. 9·11 테러 이후 그가 만든 이 노래는 성난 미국인들의 노래라고 불리기도 했다.

미국을 건드리다니,
후회하게 만들어 주겠어.

너희의 숨통을 끊어 놓고 말거야.
우리 미국식으로 말이지.

∽∽

찰스 로버츠나 9·11 테러범들에게 정겨운 감정을 느껴야 한다 거나, 바비큐를 함께 먹고 찬 음료수를 함께 나누자고 그들을 초대하라는 뜻이 아니다. 그러나 우리가 그들을 용서해야 한다는 사실만큼은 논쟁의 여지가 없다. 아미쉬 사람들은 예수님이 용서하라고 가르치셨기 때문에 용서한다고 말한다.

용서에 대한 성경의 명령은 매우 분명하다. 우리는 그리스도께서 우리를 용서하신 것처럼 다른 사람들을 용서해야 한다. 우리를 저주하는 사람들을 축복해야 한다. 우리를 핍박하는 자들을 위해 기도하라. 복수를 구해서도 안 된다. 원수가 배고플 때 우리는 음식을 제공해야 한다. 그가 목마를 때에는 마실 것을 건네야 한다. 사도 바울이 설명했듯이, 우리는 이렇게 선으로 악을 이길 수 있다 (롬 12:21).

명령이 분명하다고 해서 그 명령을 이행하기가 쉬워지는 것은 아니다. 아버지의 죽음에 대한 상처와 분노를 극복하기까지는 내게 수십 년의 시간이 필요했다. 딸아이의 학교로 성큼성큼 걸어 들어와 아무 죄 없는 그 아이를 죽인 남자를, 아이가 일하고 있는 사무실로 불덩어리를 내던진 테러범을 용서하려는 노력이라니 상상조차 하기 어렵다.

많은 아미쉬 사람들이 스트레스 장애, 생존자 자책, 공황 발작, 또 다른 다양한 육체적 감정적 문제들까지 총기난사 사건의 여파와 힘겨운 싸움을 벌였다. 현장에서 살아남은 생존자들은 쇠약성 마비를 포함해 광범위한 장애에 시달렸다. 공동체의 몇몇 사람들은 믿음의 위기를 겪기도 했다. 용서와 믿음에 대한 약속이 공포의 기억을 감소시켜 주지는 않는다.

조지아 주 파인 산 근처에 사는 내 친구 휴버트와 릴리언 부부는 9·11 테러로 딸 마조리 살라몬을 잃었다. 그녀는 미 국방부에서 군 계획 예산 분석가로 일하고 있었다.

휴버트와 릴리안의 손녀, 아만다는 당시 뉴욕에 있는 광고 대행사에서 근무했다. 납치된 비행기가 쌍둥이 빌딩에 충돌할 때 그녀는 자신의 책상 앞에 앉아 있었다. 아만다는 엄마인 마조리에게 전화를 걸어 안부를 물었다. 그리고 얼마 지나지 않아 주차장에 있던 마조리의 한 친구는 또다른 비행기 한 대가 펜타곤으로 떨어지는 것을 두 눈으로 목격했다. 그 비행기는 마조리가 근무하고 있던 사무실에 떨어졌다. 휴버트와 릴리안이 그 소식을 들은 것은 여느 아침과 다름없이 아침 방송을 시청하던 중이었다.

휴버트와 릴리안은 함부로 원한을 품는 사람들이 아니다. 그들은 믿음의 언약을 매우 진지하게 받아들인다. 하지만 테러범들이 그들의 딸을 빼앗아 갔을 때, 그 슬픔은 너무나 컸다. 그들이 불러 일으킨 용서는 많은 기도와 하나님과의 씨름으로만 가능했다.

"비행기를 납치한 테러범들이 딱하지요. 그 젊은이들은 자신들이 죽으면 곧바로 천국을 가고 큰 상급을 받을 거라고 믿었겠지요. 그들도 속은 거예요." 릴리안은 말했다.

그의 가족들은 딸 마조리의 목숨을 빼앗아간 사람들을 용서하기 위해 노력하기로 선택했다. 그 이유는 그것이 하나님의 뜻이라 믿었기 때문이다.

"우리에게 잘못한 사람들을 용서해야 하나님도 우리의 죄를 용서하시지요." 릴리안은 말했다.

휴버트와 릴리안은 테러범과 이를 사주했던 사람들이 죽는다고 자신들이 얻을 기쁨이 무엇이냐고 말한다.

"그 사람이 남은 생을 감옥에서라도 살아 있어야 자신의 잘못을 뉘우치거나 그리스도를 믿을 수 있겠죠."

빈 라덴에 대해서는 자신과 남편 모두 그의 얼굴을 대면해서 이렇게 묻고 싶다고 릴리안은 말한다. "9·11을 통해 당신이 이룬 것이 무엇이지요?"

그 질문에 대한 답을 알 수만 있다면 빈 라덴이라도 용서할 수 있을 거라고 릴리안은 말한다. 어쩌면 못할 수도 있다. 하지만 그들의 믿음은, 그들이 사는 평화로운 세상을 완전히 뒤집어 놓은 사람을 용서하는 것에 대해 고려라도 할 수 있도록 그들을 설득한다.

릴리안과 휴버트는 기도나 성경공부와 같이, 용서를 실천하는 데에도 훈련이 필요하다고 이야기한다. 어느 날 아침 눈을 떠 커피를 마시기 전의 몽롱한 상태로 모든 것을 용서했고 이제는 평안하다는 식의 순간적 선언으로 용서가 이루어지는 일이 아니다.

용서는 감정이 아니지만 분노는 감정이다. 찰스 로버츠의 그 살인적 분노는 하나님에 대한 증오에서 시작했다. 그의 유서가 말하듯이, "나 자신과 하나님을 향한 너무나 큰 증오와 상상도 못할 공허함이 나를 가득 채웠다."

우리의 적은 북한이나 알카에다가 아니다. 바로 우리 자신이다. 증오와 편협함 그리고 용서하지 못하는 마음을 우리의 피난처로 삼을 때에 매일같이 우리는 진짜 위험을 마주한다. 바울의 경고는 결코 빈말이 아니다. "악에게 지지 말고 선으로 악을 이기라"(롬 12:21). 아미쉬 공동체가 삶으로 우리에게 가르쳐 준 대로 선으로 악을 이기라!

{ 11 } 두려움을 넘어서다

그레고리 존스 교수는 듀크신학교 학장이자 『용서의 구현』이라는 책의 저자다. 존스는 우리의 두려움과 용서하려는 의지가 서로 연결되어 있다고 믿는다.

"저는 사랑의 창조력과 역량을 확대시키는 용서와 초월적인 두려움 사이에는 밀접한 관련이 있다고 믿습니다. '온전한 사랑이 두려움을 내어 쫓는다'고 말한 「요한일서」의 말씀대로 용서는 사랑의 역량에 매우 중요한 요소입니다. 저는 '온전한 두려움이 사랑 또한 내어 쫓는다'고 생각합니다."

앞서 얘기했던 에릭 셰넌의 딸은 자신이 그토록 사랑하고 사랑받고 싶던 아버지를 향한 온전한 두려움 속에서 살아왔다. 아버지와 경찰 사이에 총격전이 벌어졌을 때 공포 속에서 그 아이가 울부 짖은 이유 가운데 하나는 아버지의 죽음에 대한 책임이 자신에게 있다고 느꼈기 때문이다. '내가 그렇게 기도했기 때문일까요? 아빠를 죽게 해 달라던 그 기도 때문에요?' 나는 그 아이가 언젠가는 할머니 셜리처럼 하나님을 알게 되기를 바란다. 또한 자신의 기도가 아버지의 죽음을 불러오지 않았다는 사실도 깨닫게 되기를 바란다.

아이들이 슬픔을 다루는 방식은 어른들과는 다르다. 아이들의 세계는 좀 더 구체적이다. 아이들은 착한 일을 하면 상을 받는다. 달력에 붙일 금색 별 스티커, 용돈, 아니면 30분 더 컴퓨터를 사용하도록 허락을 받는 것처럼. 반면 동생을 때리거나 숙제를 제때 하지 못하거나 욕을 한다면 벌을 받게 된다. 금색 별과 용돈은 고사하고 텔레비전, 컴퓨터, 휴대전화 사용 금지령이 떨어진다.

아이들의 세계가 이런 구조를 가지고 있기 때문에 아이들은 자신에게 나쁜 일이 일어났을 때 종종 그 책임을 자신의 잘못으로 돌린다. 이렇게 정착된 습관은 나중에 교정하기가 매우 어렵다.

죄의식과 부끄러움에 관한 한 내가 전문가라는 사실을 우리 아이들은 잘 안다. 아이들이 잘못된 행동을 했을 때, 나는 그 아이들이 당연히 두려운 마음으로 자신의 행동에 대해 사과하기를 바란다. 부모를 실망시키면 어쩌지 하는 두려움은 아이들이 좀 더 나은 결정을 내리도록 돕는다. 나는 이제는 모두 장성한 아이들에게 살아가면서 하나님의 인도하심에 민감해지라고 강조한다. 인과응보식 죄책감이나 두려움 때문에 아이들이 험담을 피하고 증오심을 덜 가지고 저승사자처럼 날뛰지 않을 수 있다면 좋은 일이 아니겠는가!

나는 그 대상이 자신이든 다른 사람이든, 용서하지 못하는 마음에 기초한 쓸모없는 죄의식에 대해서는 믿지 않는다. 긍정적인 죄의식과 부정적인 죄의식의 차이는 무엇일까? 부정적인 죄의식은 우리가 회개한 이후에도 우리를 오랫동안 정죄하지만, 긍정적인 죄의식은 우리가 부주의한 길에서 벗어날 수 있도록 해 준다.

맞고소의 버섯구름 아래에서 우리가 사는 것이 하나님의 의도는 아니다. 내게는 주님을 매우 사랑하는 친구가 하나 있다. 그녀의 부모가 이혼을 했기 때문에 그녀는 이혼만큼은 피하고 싶어 했다. 하지만 불행히도 그녀의 남편은 주님께는 물론이거니와 아내와 그들의 결혼에 신실하지 못했다. 그는 아내의 친구와 불륜을 저질렀다. 공교롭게도 그의 상대는 교회의 오르간 반주자였다. 모든 사람들에게 끔찍한 일이었다. 아이들과 배우자, 교회 성도들, 목사님 그리고 친구들에게까지.

늘 하나님과 다른 사람들이 자신을 용납해 주기를 필사적으로 구해 온 내 친구는 상대방을 기쁘게 하려고 늘 노력하는 사람이었다. 그 때문인지 그녀는 모든 문제를 해결하고 남편과 자신의 친구를 용서하고자 너무나도 열심히 노력했다. 이 일에 대해 심하게 화내 미안하다며 케이크를 구워 자신을 배신한 친구의 집을 방문하기까지 했으니 말 다한 셈이다.

나는 남편의 연인을 위해 케이크를 굽는 것이 용서라고 생각하지는 않는다. 설사약이나 설탕 대신 소금을 넣었다면 모르겠지만.

다른 사람들을 참으로 용서하려면 먼저 자신이 용서받았다는 사실을 이해해야 한다. 케이크나 파이를 구울 필요는 없다. 하나님은 당신의 요리 솜씨가 유명 요리사 같지 않다 해도 상관하지 않으신다. 아니, 당신의 요리 솜씨가 취사병 같다 해도 하나님은 당신을 사랑하고 용서하신다. 당신이 바람 난 배우자를 비난할 때라도 하나님은 당신을 사랑하신다. 하나님은 바람 난 당신의 배우자마저도 사랑하신다.

사도 바울은 우리에게 이렇게 말한다.

> 그러므로 이제 그리스도 예수 안에 있는 자에게는 결코 정죄함이 없나니 이는 그리스도 예수 안에 있는 생명의 성령의 법이 죄와 사망의 법에서 너를 해방하였음이라. 율법이 육신으로 말미암아 연약하여 할 수 없는 그것을 하나님은 하시나니, 곧 죄로 말미암아 자기 아들을 죄 있는 육신의 모양으로 보내어 육신에 죄를 정하사 육신을 따르지 않고 그 영을 따라 행하는 우리에게 율법의 요구가 이루어지게 하려 하심이니라. 육신을 따르는 자는 육신의 일을, 영을 따르는 자는 영의 일을 생각하나니 육신의 생각은 사망이요 영의 생각은 생명과 평안이니라. (로마서 8:1-6)

바울이 이야기하는 성령의 생명과 평안을 제대로 경험하려면 우리는 요한이 (「요한일서」 4장 18절에서) 말한 온전한 하나님의 사랑을 온 마음과 정성을 다해 이해해야 한다. 하나님을 위대한 형벌가로 보는 이상, 우리는 두려움과 정죄에서 벗어나지 못하고 회복시키는 사랑을 주고받지 못한다. 또한 다른 사람들과 주변을 끊임없이 고치려 애쓰는 폭력 가정에서 자란 아이처럼 행동할 것이다.

용서가 문제가 되는 점은 우리 자신이 용서받을 가치가 없고 따라서 우리에게 잘못한 사람들도 마찬가지라고 느낀다는 사실 때문이다. 9·11 테러 공격 이후 한 잡지와의 인터뷰에서 데스몬드 투투 주교는 우리의 싸움을 이렇게 묘사했다.

> 용서는 잔혹함, 잘못을 묵과하거나 최소화하는 것이 아닙니다. 잔혹함과 잘못의 처절함은 인정하지만 가해자의 본질적인 인간다움을 이해하고 그 사람에게 새로운 시작이라는 가능성을 주기로 선택하는 것이지요. 용서는 절망이 아닌 소망의 행위입니다. 사람의 본질적인 선을 소망하고 그들도 변화할 수 있다는 잠재력을 믿는 것입니다. 그 가능성에 내기를 거는 것이지요. 특별히 가해자를 벌하고 때리는 것이 목적인 징벌하는 정의가 아니라, 틈을 메우고 잔혹함과 잘못이 해친 사회적인 평등을 회복시키는 정의라면 용서는 정의의 반대말이 아닙니다.

투투 주교는 삼위 하나님이 우리를 위해 세워 주신 용서의 모범을 제대로 제시한다. 그리스도의 죽으심의 핵심은 회복시키는 정의였다. 그리스도께서 창조주 하나님과 우리 사이의 틈을 대신 메워 주셨다. 우리의 잘못은 간과되거나 잊혀지지 않았다. 그리스도의 피로 씻겨 용서되었을 뿐이다. 모든 두려움을 내어 쫓을 온전한 사랑을 알기 위해서 그 행위 이면의 위대한 사랑을 이해하는 것이 매우 중요하다.

전투적인 파키스탄 테러범들에게 참수를 당한 「월스트리트 저

널」기자 다니엘 펄의 아내, 마리안은 남편이 사망한 이후 자신을 집요하게 괴롭혀 온 분노와 두려움에 결코 항복하지 않을 거라고 다짐했다. 「뉴스위크」와의 인터뷰를 통해 그녀가 설명한 이유는 다음과 같다.

> 테러리즘은 물질적 수단을 사용하지만 사실은 심리적 공격 무기입니다. 우리가 세상을 우리 것이라고 주장하지 못하도록 만들지요. 다른 사람들과 관계를 맺지 못하도록 만듭니다. 또한 두려움과 증오를 불러 일으킵니다. 테러범들과 싸울 유일한 방법은, 우리가 그러한 감정들을 그들에게 주지 않는 겁니다. 그들의 기대를 저버리는 것이지요. 그들은 복수와 폭탄을 기대하고 있습니다. 그들은 그런 것들을 원합니다. 두려움을 주지 마세요. 그래야 우리가 이길 수 있습니다.

「시편」기자 다윗은 좀 더 솔직하게 표현한다. "분을 그치고 노를 버리며 불평하지 말라. 오히려 악을 만들 뿐이라."(시 37:8).

다윗은 오랜 시간 동안 꽁지머리를 하고 입에서는 마늘 냄새가 나며 손에 칼을 들고 다니는 덩치 큰 사람에게 쫓겨 다녀야 했다.

다윗도 권력자와의 문제를 경험했다. 왕위에서 쫓겨날까 두려웠던 사울 왕은 심복에게 다윗을 해치우라고 명령했다. 사울 왕과 맞서고 그를 끌어내리려는 대신, 다윗은 숨어 다니며 하나님의 약속이 성취되기를 기다렸다. 악한 사람들을 대면했을 때를 위해 다윗은 이렇게 충고한다. "여호와 앞에 잠잠하고 참고 기다리라. 자기 길이 형통하며 악한 꾀를 이루는 자 때문에 불평하여 말지어다"(시 37:7).

내가 만일 다윗이었다면 나는 하나님께 사울이 계속 왕 노릇하도록 놔두시라고 말했을 것이다. 목숨보다 귀한 직업이 어디에 있겠는가! 사울과 같은 상사가 내게도 있었다. 나는 그를 친구라고 생각했었는데 그 사람은 나를 공격했다. 그는 하나님과 사람들 앞에서 나를 얕잡아 보는 말을 했을 뿐만 아니라, 다른 누구보다 자신을 섬기라고 강요했다. 자신에 대한 나의 충성심을 시험하려고 질투하는 연인처럼 나를 몹시 꾸짖기도 했다. 끔찍했다. 그도 분명 내가 사라졌으면 하고 바랐을 테지만, 그렇다고 나를 죽이려고 사람을 고용할 정도는 아니었다.

그 일을 극복하기까지는 정말 오랜 시간이 필요했다. 사실 지금까지도 마음이 아릴 때가 있다. 그에게 태풍에 날라 가버렸으면 하고 하나님께 간절히 기도한 날도 있었다. 열두 번도 더 하나님께 내가 얼마나 헌신되고 열심히 일하는 훌륭한 직원이었는지 설명하기도 했다. 나는 누구에게도 이런 대접을 받을 이유가 없다고. 그보다 더 나은 사람이 되어 은혜로 넘기자고 몇 번을 다짐하기도 했지만, 결국은 비탈에 걸려 그를 욕하며 데굴데굴 굴러 떨어질 뿐이었다. 한 친구가 내게 상처를 방치하다가는 때로는 치명적인 감염을 불러올 수도 있다고 이야기했다. 그녀는 용서하지 않는 것을 다른 사람을 죽이기 위해 스스로 독약을 들이키는 것과 같다고 비유했다. 그녀의 말에 나는 항복했다.

증오의 음료는 위험하다. 그 음료를 비축해 두지 마라. 뜨거운

한 여름, 광견병에 걸린 개보다 당신을 더욱 아프게 만들 테니까 말이다.

◈

몇 년 전 나는 작가 동호회에 참석했는데 그 모임에서 다루었던 주제는 용서와 용서받을 수 없는 사람들이었다. 주요 연사 가운데 한 명은 잔인하게 성폭행 당하고 여러 차례 칼에 찔리기까지 한 여성이었다. 그녀를 성폭행한 남자는 그녀가 죽었을 거라고 생각해서, 그녀를 버려 둔 채 도망쳤다. 하지만 그녀는 기사회생해서 결국 범인을 잡았다.

참석자 가운데 한 사람이 범인을 용서할 수 있느냐고 물었다. 그녀는 그럴 수 없을 뿐만 아니라 그러고 싶은 마음도 없다고 했다. 놀랄 만한 대답은 아니었다. 나중에 가진 저녁시간에 그녀의 대답에 대해 이야기하고 있는 사람들의 목소리가 들렸다. 대부분은 왜 그녀가 범인을 용서할 수 없는지 이해한다는 분위기였다. 그 가운데 한 사람이 이렇게 말했다. "그녀 자신을 생각하면 안 된 일이에요. 용서할 수 없다니."

당시 나는 성폭행을 당하거나 칼에 찔려 보거나 죽도록 방치된 경험이 없는 제삼자(게다가 남자)이기에 그가 말을 쉽게 한다고 생각했다. 그리고 바로 그날 밤 나는 꿈을 꾸었다. 하나님이 내게 무언가를 말씀해 주시고자 주신 꿈이었을까?

꿈속에서 나는 유명한 성 요셉 성당의 제단 위에 서 있었다. 나는 가톨릭 신자가 아니었지만 일 때문에 이 웅장한 성당을 방문한 적이 있었다. 성 요셉 성당의 스테인드글라스는 예순 개도 넘었고 그들 중 대부분은 바바리아 지역에서 생산이 되었다. 또 형형색색의 지붕을 떠받드는 25m짜리 거대한 황금색 기둥들은 조지아 채석장에서 공수해 온 것들이었다. 성 요셉 성당 안에 서 있던 나는 마치 회전하는 화려한 만화경 속에 선 기분이었다. 꿈의 내용은 이러했다.

내 손에는 황금으로 된 잔이 들려 있었다. 내 앞으로 사람들이 길게 늘어서 있는데 그들 역시 황금잔을 들고 있었다. 내 잔만 비어있을 뿐 다른 사람들의 잔은 가득 찬 상태였다. 그들의 얼굴을 살펴보니 모두 내가 아는 사람들이었다. 스미티 목사님과 베티 사모님, 내 동생 린다, 엄마, 고등학교 시절의 영어 선생님, 음악 선생님, 중고등부 목사님, 할머니 리오나, 내가 아는 참전 용사들, 고등학교, 대학교 친구들, 남편, 이전에 사귀던 남자친구들 그리고 동료 작가들.

이전 직장 상사들을 빼고 내 인생에서 중요한 사람들은 모두 그곳에 있었다. 그들은 한 사람씩 내게 다가와 자신의 잔에 가득 찬 와인을 내 빈잔으로 부어 주었다. 곧 내 잔은 넘치기 시작했다. 와인은 내 두 손과 팔꿈치를 지나 바닥까지 흘러 넘쳤다. 하지만 사람들은 계속 다가와 자신의 잔을 내 잔에 채웠다.

"내가 네게 은혜를 주노라." 한 발짝씩 앞으로 나오며 그들이 한 말이다.

내가 그 꿈에서 깰 무렵 와인은 붉은 강이 되어 통로 사이를 흐르고 있었다. 잔을 한 번도 채워 보지 못한, 평생을 바싹 마른 잔을 들고 서 있는 사람들도 있다는 사실을 나는 깨달았다. 그들의 옷은

꾀죄죄하며 눈빛은 공허했다. 그들에게서 나는 악취가 어찌나 심하든지 사람들이 접근하지 못할 정도였다. 그들은 천박하고 불쾌했다. 그들의 입에선 욕설이 끊이지 않고 악과 복수의 증오에 찬 약속들도 마찬가지다. 그들이 가장 두려워하는 것은 다른 사람들이 자신의 삶이 공허하다는 사실을 발견하는 것이었다.

그 줄에 선 나를 사랑해 주는 사람들이 아니었다면 나도 빈 잔을 들고 겁을 내며 서 있는 그들 가운데 하나가 되지 않았을까? 감사하게도 붉은 은혜의 얼룩이 내 팔을 타고 내려가 발 밑에 고여 있었다. 그것은 하나님이 모든 사람을 존귀하다고 생각해 주신 것처럼 나도 그렇게 생각해 주셨기 때문이다. 또한 하나님이 그들에게도 그대로 행하라고 말씀하셨고 그들 역시 하나님의 말씀에 순종했기 때문이다.

아미쉬 사람들, 데스몬드 투투 주교, 릴리안과 휴버트 부부. 그들은 그레고리 존스가 말했던 은혜와 사랑의 창조력과 역량을 확대시켜주는 용서를 실천했다. 그들은 자신들의 삶의 은혜를 다른 사람들의 텅 빈 삶으로 부어 주었다. 그렇게 그들은 우리의 말라비틀어진 비통함을 초월한다.

∽∽

나의 엄마는 세상 물정에 밝은 편이시다. 한번은 "너 자신이 너를 사랑하지 않는데, 다른 사람이 너를 사랑해 줄 거라고 기대하지 말거라."라고 말씀하셨다.

열세 살이던 나는 그 말의 뜻을 이해하지 못했다. 하지만 무덤가의 흙덩이만큼 나이를 먹은 지금, 나는 우리가 사이좋게 지내는 법을 깨달아야 할 첫 번째 상대는 바로 우리 자신이라는 사실을 깨달았다.

예수님은 내게 이웃, 에단을 사랑하기를 나 자신을 사랑하는 것과 같이 하라고 말씀하셨다. 사실 에단을 사랑하기란 어려운 일이 아니다. 에단은 우리 집 길 건너에 사는 미식축구 코치다. 사람들은 그를 "멋지다."고 한다. 나의 엄마라면 보기에 흐뭇하다고 말씀하셨을 것이다. 그의 아내 사라도 마찬가지다. 사람들은 그녀를 "매력적이다."고 한다. 나는 에단과 사라를 무척 좋아한다. 우리는 같은 교회를 다닌다. 그들은 우리 강아지 트레비와도 잘 놀아 준다. 그들의 아들과 놀아 주기 위해 나는 그의 집을 찾기도 한다. 때로는 내가 나 자신보다도 그들과 더 잘 어울려 시간을 보낸다는 생각을 할 정도다. 그들은 내면과 외면이 모두 아름다운 사람들이다. 그들은 나의 삶에 기쁨을 준다.

정작 사랑하기 어려운 사람은 바로 나 자신이다. 깨끗하게 씻고 난 후에라도 나를 매력적이라고 말해 주는 사람은 없다. 목에 붙을 정도로 처진 턱은 거추장스럽다. 내가 짧은 바지나 수영복 입기를 포기한 것은 국가 안보를 위해서다. 농담이 아니다.

엄마 말을 좀 더 빨리 이해했더라면 좋았을 것을. 나 자신에게 좀 더 친절했더라면. 나는 은혜의 잔을 내 머리 위로 부었어야 했다. 아니 내 몸을 담갔어야 했다. 내가 나 자신을 사랑하기까지 오랜 시간이 걸렸다. 그 때문에 다른 사람들을 마음껏 사랑하기까지도 매우 긴 시간이 필요했다. 나는 나의 잔을 들고 나만을 생각했다. 나는 하나님이 나와 내 방법들을 지겨워하실까 봐 염려했다.

나는 은혜의 본질을 이해하지 못했다. 은혜는 받을 만한 가치가 가장 적은 사람을 향해 손을 내미는데!

"은혜는 하나님의 더할 나위없는 기쁨이다." 신학자 칼 바르트는 이렇게 말했다.

라이커가 우리집 강아지 트레비를 감싸 안듯이 하나님은 우리를 자신에게로 끌어당기신다. 하나님이 우리를 가까이 붙드시는 것은 자신의 더할 나위없는 기쁨을 위해서다. 우리의 늘어진 턱, 축 처진 기분, 실수에 하나님은 신경 쓰시지 않는다. 호들갑을 떨며 우리는 그런 애정을 받을 만한 사람이 아니라고 하나님을 밀쳐내기보다 그분의 목을 끌어안고 "고마워요, 하나님. 제가 필요했던 거예요."라고 고백해야 한다.

하지만 우리의 생김새는 물론 아무도 보는 이 없을 때조차 우리가 무엇을 하는지 속속들이 아시는 창조주 하나님이 우리를 왜 그렇게 사랑하시는지 이해하기 어렵다. 그러한 사랑은 우리를 두렵게 한다. 가브리엘이 나팔을 불며 나타나 이제 죄를 갚아야 한다고, 지금은 우리가 황충에게 산 채로 잡혀 먹어야 할 시간이라고 위협하면 어쩌지.

중요한 것은 우리는 누구에게 무엇도 빚지지 않았다는 사실이다. 하나님께도! 그러니 나팔을 부는 상인들에게 속지 않도록 조심해야 한다.

하나님의 사랑을 얻기 위해서 내가 해야 할 일은 없다. 하나님이 나를 기뻐하시는 것은, 나라는 존재 때문이 아니라 하나님이 하나님이시기 때문이다. "나를 먼저 사랑하신 예수님을 내가 얼마나 사랑하는지." 이 오래된 찬양이 고백하는 것처럼 말이다.

브래넌 매닝은 『한없이 부어주시고 끝없이 품어주시는 하나님의 은혜』(규장 역간)에서 이렇게 말한다. "자기혐오는 우리가 다른 사람들을 사랑하지 못하도록 만드는 거대한 장애물입니다. 우리가 다른 사람들을 싫어하는 이유는, 우리가 자신을 너무 사랑해서라기보다 우리가 자신을 충분히 사랑하지 못하기 때문입니다. 우리는 스스로가 충분하지 못하다고 생각하기 때문에 다른 사람들을 두려워하고 불신합니다. 또한 자신이 기준에 도달하지 못한다고 믿기 때문에 분노와 빈정거림, 판단 뒤로 몸을 숨기요."

우리가 하나님의 성품과 우리를 향한 그분의 선하신 의도를 이해할 때 우리는 사람들에게 좋은 인상을 남기고 그들의 은혜를 얻으려고 필사적으로 노력하는 것을 멈출 수 있다. 하나님의 더할 나위 없는 기쁨은 우리가 먼저 우리 자신을, 그리고 나서는 다른 사람들을 용서하라고 강권한다.

아직 충분히 이룬 것은 아니지만 나는 부지런히 좇아가고 있다.

{ 12 }
목적이 있는 삶

둘째 아이로 태어난 나는 지극히 평범하게 성장했다. 지나가던 사람도 돌아보게 만드는 동생의 예쁜 미모나 오빠의 날카로운 지성도 내게는 없었다. 나는 노래도 못한다. 춤도 못 춘다. 암 치료제를 개발하거나 물에 빠진 사람을 구해준 적도 없다. 걸스카우트를 그만둔 이후, 시민 단체에 소속된 적도 없다. 빈혈이 너무 심해서 헌혈은 해본 적도 없다.

다리를 저는 사람을 걷게 하거나 눈먼 사람을 보게 한 적도 없다. 한센씨병자의 손을 잡아 본 적도, 에이즈 환자의 상처를 닦아준 적도 없다. 잘한 일이라고는 다른 사람들이 이해할 수 있도록 글자들을 엮어 감동적인 문장을 만들어 낸 정도랄까. 전문가들은 우리 작가들이 글을 쓰는 이유가 불멸하기 위해서라고 말한다. 책의 수명이 사람보다 길기 때문이다. 은그릇처럼 말이다. 그렇다고 하루 종일 앉아 은그릇의 광을 낼 수는 없는 노릇이 아닌가!

하지만 이런 나도 놀라운 일들을 목격한 적은 있다. 그럴 만한 가치가 없는 내게 부어 주시는 하나님의 은혜를 느끼던 순간, 말할 수 없는 기쁨과 고요한 은혜를 느끼던 순간, 달빛에서 그리고 햇빛에서 그 서늘한 온기를 느끼던 순간이 있었다.

신성한 것들을 설명할 수는 없다. 하나님도 설명할 수 없다. 기독교, 이슬람, 다른 어떤 종교의 우월함에 대해서도 마찬가지다. 남편이 뭐라고 말하든지 간에 나는 논쟁을 좋아하지 않는다. 사람은 누구든 예수님을 구주로 믿든지 믿지 않든지, 둘 중 하나일 뿐이며 나는 예수님을 내 구주로 믿는다. 정말로 끔찍하고 지독하고 나쁜 일이 있는 날이면, 나는 예수님이 죽으신 십자가를 믿는다고 소리 내서 고백한다. 필요하다면 열 번이라도 입을 다문 채 매우 빨리 말한다. '저는 예수님이 죽으신 십자가를 믿습니다. 저는 예수님이 죽으신 그 십자가를 믿습니다…' 악마가 내 영혼에 뿌려 놓은 먼지를 그 메시지가 가라앉혀 줄 때까지, 계속해서.

예수님이 하나님의 아들이신지 아닌지 믿는 믿음이 그것을 진리로 만드는 것은 아니다. 3백만 명의 사람이 믿든지 단 한 명의 사람이 믿든지 그것은 중요하지 않다. 진리는 몇 명의 사람들이 믿느냐에 상관이 없이 진리이기 때문이다. 그것이 진리의 아름다움이자 본질이다. 진리는 우리 자신이나 우리의 정신력에 달려있는 게 아니다.

영적인 것을 추구하던 수년 동안 에릭 세넌에게는 진리보다 그 자신의 믿음이, 그에게 주는 능력이 더 중요했다. 접시에 담긴 야

채를 골라내듯, 그는 종교라는 접시 위에서 자신에게 좋아 보이는 것만을 선택하고 나머지를 모두 쓸어내 버렸다. 많은 사람들이 그렇지 않을까? 나도 자신은 그러지 않는지 걱정이다.

한 기독 대학교에서 종교를 전공하던 질리언은 다른 믿음의 전통들을 연구하는 것이 자신의 기독교 믿음을 위험에 빠트리지는 않을까 염려했다. 질리언은 1년 동안 중국과 태국, 인도에서 연구를 했고, 그동안 이슬람, 불교, 힌두교도의 종교적 실천에 푹 빠져 지냈다고 한다. 내가 질리언의 이야기를 처음 들은 것은 한 라디오 방송에서였다.

태국에서 종교적 행습을 연구할 당시, 명상을 위해 그녀는 매일 아침 4시에 기상을 해야 했다. 명상은 동양 종교들의 공통적 훈련 방식인데, 보수적인 그리스도인들은 명상을 사단의 도구라고 경계한다. "내 친구들이 지금의 나를 본다면 나를 알아 볼 수 있을까?" 이전 모습과는 너무나도 달라진 자신의 모습 때문에 질리언은 그런 생각을 했다고 한다. 새벽 4시에서 밤 10시까지 이어진 명상은 그녀가 경험해 본 훈련 중 가장 지루한 훈련이었다고 한다.

하지만 명상은 질리언에게 그녀가 이제껏 경험해 보지 못한 평안함을 주었고, 그녀는 자신이 너무 멀리 간 것은 아닌지 걱정을 하기도 했다. "나는 여전히 그리스도인일까? 아니면 딴 사람이 되고 있는 걸까?"

하지만 집으로 돌아왔을 때 그녀는 그런 경험이 그리스도인으로서 자신의 믿음을 더욱 깊게 해 주었다는 사실을 깨달았다. 그녀는 지금 기도와 교제는 물론, 다른 종교인들과의 모임을 캠퍼스에서 지휘하기도 하며 여전히 명상을 실천하고 있다. 명상은 그녀의 믿음을 더욱 강하게 했다. 명상을 통해 그녀는 자신의 호흡과 생각, 행동을 인지하게 되었다. "의도된 언어는 단순하면서도 의미심장해요." 그녀는 이야기했다.

질리언이 태국에서 만났던 것은 진리였다고 나는 생각한다. 목적이 뚜렷한 의도를 가지고 사는 사람은 아무런 생각이 없이 인생을 사는 사람보다 더욱 행복하고 평안하다. 우리의 모든 행동이 의도된 것이라면 우리의 삶은 어떻게 달라질까? 이러한 진리는 릭 워렌의 『목적이 이끄는 삶』(디모데 역간)같은 책이나 근신하라고 성도들을 강권했던 사도 바울의 기록에 잘 나타나 있다.

그리스도인으로 구원과 하늘의 영광을 믿는 것이, 오히려 우리가 목적이 있는 삶을 살지 못하도록 하는 것은 아닐까? 보수적이기로 유명한 남부 침례교회에서 자란 영화배우 브래드 피트는 믿음의 위기를 통해 이러한 결론을 내렸다. "내게 삶은 지금 이곳에서의 삶 하나뿐이에요. 그리고 나는 그 삶에 책임을 져야 하지요."

많은 경우 그리스도인들은 천국을 탈출구로 여긴다. 이 땅의 삶은 그리 진지하게 생각하지 않아도 된다고 여기는 것이다. 우리는 하늘의 소망을, 우리 자신의 게으름과 방심, 나태함에 대한 이유로 삼아서는 안 된다. 미래의 소망을 하나님이 손수 써 주신 허가증처럼 의지하지 말아야 한다는 이야기다. 정말로 우리가 이 삶이 우리에게 주어진 단 한 번의 기회라고 믿는다면, 좀 더 책임감을 가지고 살아야 하지 않겠는가!

에릭 셰넌은 다양한 종교 이념들을 열심히 공부했다. 그에게 부족했던 것은 배운 진리를 실천으로 이끌어 내는 훈련이었다. 우리 가운데 많은 이들이 정신적으로 건강하지 못하다. 하나님이 나를 항상 생각하고 계신다는 사실을 내가 쉽게 받아들이지 못했던 이유도 그 때문이었다. 나는 내가 언제나 부족하다고 느꼈다. 나는 충분하지 못하다고. 그리고 사실 나는 많은 순간 실패했다. 그러한 실망감 때문에 나는 쉽게 잠을 이룰 수 없었고 온종일 나를 안절부절 못하게 했다.

지구 온난화, 이라크, 북한의 핵과 같이 염려하실만한 더 큰 문제들도 많이 있는데 왜 하나님은 나한테 신경쓰시는지 나는 이해할 수가 없다.

하지만 반복적으로 성경은 하나님이 우리에게 전념하고 계신다고 말하고 있다. 다윗은 하나님의 '인자하심'을 신뢰하겠다고 고백한다. 하나님의 사랑은 '영원'하다고. 「골로새서」는 우리가 하나님의 "택하신 거룩하고 사랑 받는 자"라고 선언한다(3:12).

우리가 관심을 둔 것은 물론 우리가 관심을 두지 않은 것들까지 하나님은 관심을 두신다. 글을 쓰는 작업을 통해 나는 창조주 하나님에 대해 더욱 깊은 통찰을 갖게 되었다. 내게 많은 도움을 주었던 글쓰기의 기본 원리 중 하나는, 좋은 작가와 훌륭한 작가의 차이가 세부 묘사에 있다는 원리였다. 그녀가 그냥 외투를 입고 있는지, 아니면 빨간색 외투를 입고 있는지 신경 쓰는 것이다.

그 원리를 통해 나는 우리 하나님의 위대하심을 더욱 잘 이해하게 되었다. 하나님의 관심은 작고 세세한 것까지 미친다. 우리가 산 속에서 길을 잃는다면 하나님은 우리가 입고 있는 옷의 색깔까지도 기억해 주신다. 마치 어머니처럼!

파이pie의 모든 자릿수를 기억하는 다니엘처럼, 하나님은 우리를 기억하실 뿐만 아니라 우리 머리카락의 숫자까지도 세신다. 에릭 셰넌의 엄마 셜리는 하나님에 대하여 이러한 사실을 알았던 것이 아닐까? 그녀는 자신을 향한 하나님의 사랑을 확신했고, 총구가 자신의 가슴을 누르던 때에도 하나님의 신실하심을 증언했다. 자신의 적에게 분노하는 대신 예수님 안에서 위안을 구했다.

셜리는 두렵지 않았을까? 아니다. 그녀는 두려웠다. 자신의 아들 에릭보다 더 두려웠던 사람은 그녀에겐 없었다. 아들이 어떤 악을 저지를 수 있는지 그녀는 잘 알고 있었다. 아동 복지부의 사람들에게 지금 상대하려는 사람이 어떤 사람인지 그들은 모르고 있다며 경고까지 할 정도였으니 말이다.

아들은 충분히 자신을 죽이고도 남을 사람이었다. 사실 에릭이 그녀 대신 그녀의 남편 찰스를 쏜 이유는 자신의 죽음보다 찰스가 죽어 가는 모습을 지켜보는 것이 그녀에겐 더욱 큰 고통이라는 사실을 잘 알았기 때문이다. 에릭은 이렇게 말했다. "엄마는 내 손에 죽어야 해. 하지만 살려 주겠어. 살아서 고통 받도록 말이야." 에릭이 얼마나 악해질 수 있을지에 대해 가장 잘 알고 있는 사람에게 그것은 충분한 두려움이었다.

하지만 자신의 아들과 그가 향하는 멸망의 길이 두려웠던 만큼이나 셜리는 예수님을 신뢰했다. 그렇다고 해서 예수님이 무슨 만화 속 영웅처럼 그림에서 뛰쳐나와, 커다란 손가락으로 총구를 막고 그녀와 찰스를 낚아 챈 굴뚝을 통과해서 공중에 뜬 구름 속으로 피신시켜 주시리라고 기대한 것은 아니었다.

그녀는 다만 자신에게 무슨 일이 일어나든, 살든지 죽든지, 하나님이 자신과 함께하신다는 사실을 믿었다. 하나님은 자신을 결코 버리지 않으신다는 사실도.

로빈과 에릭의 의도는 알 수 없었지만 셜리는 자신을 향한 하나님의 의도를 확신했다. 그녀는 자신에게 전념하시는 구원자의 영원한 사랑을, 자신의 구원자를 전심으로 신뢰했다.

∽

마음이 상한 사람들이 하나님을 신뢰하기란 설교자들과 작가들의 말처럼 간단하지가 않다. 아버지가 돌아가셨다는 소식을 듣던 날, 엄마는 우리 자그마한 간이 주택의 복도에서 "왜, 저예요, 하나님, 왜?"라고 울부짖었다. 이후로 여러 해 동안 나는 하나님께 물었다. "하나님이 정말 전능한 분이시라면 왜 그 전쟁터에서 우리 아버지를 구해 주지 않으셨어요?"

하나님이 원하셨다면 얼마든지 박격포를 쇳조각으로 만드실 수도 있었을 텐데. 왜 하나님은 그렇게 하지 않으셨을까, 나는 이해할 수가 없었다.

나보다 하나님이 내 아버지를 더 필요로 하셨기 때문이라고 말하며 위로하는 사람들이 있었다. 의도는 알겠지만 그런 이야기를 들을 때면, 나는 그들의 뒤통수를 한 대 쳐 주고는 이렇게 소리치고 싶어졌다. "당신은 원래 그렇게 무식한 건가요? 아니면 그런 무식한 짓을 어디서 배우기라도 한 거예요? 모든 것을 가지신 하나님이 무엇 때문에 우리 가족, 그것도 빈손밖에는 남은 게 없는 우리 가족보다 우리 아버지를 더 필요로 하셨다는 거예요?"

하나님의 성품에 대해 수 년을 공부하고 나서야 나는 죽음과 전쟁이 하나님의 작품이 아니라 인간의 작품이라는 사실을 이해하기 시작했다. 하나님은 생명의 호흡이시다. 성경은 죽음을 하나님의 원수로 표현한다. 고린도 교회에 보낸 편지에서 바울은 그리스도께서 맨 나중에 멸망시킨 원수가 사망이라고 선언한다.

스스로 불가지론자라 인정하는 방송인 래리 킹이 비극을 마주한 한 가족을 인터뷰했다. "이번 일을 통해 믿음에 대해 의문을 품지는 않으셨나요?"

그 아버지는 고개를 끄덕이며 대답했다. "물론이지요."

그럴 수 있다! 자녀나 부모, 직장, 혹은 집을 잃었을 때 그 끔찍한 상실 앞에서 우리는 하나님께 이렇게 물을 수 있다. "왜 하필 저인가요? 왜 우리 가족이에요?" 그리고 만족스런 답이 없을 때 우리는 우리를 지탱해 왔던 믿음을 저버리곤 한다.

하나님조차 우리에게 만족할 만한 답을 주실 수는 없다. 사랑하는 아버지를 영원히 도둑맞은 어린 딸아이의 상실에 어떤 핑계를 댈 수 있을까! 수단에서 일어나는 이유 없는 학살은 어떤가? 하나님이 우리 앞에 나타나 카트리나 태풍이나 인도네시아를 강타한 해일, 수백만을 죽게 한 말라리아에 대해 설명하신다고 하자. 그렇다고 모든 일이 순식간에 괜찮아질까? 우주의 하나님이라도 어떻게 유대인 대학살의 비통함을 설명하실 수 있을까? 그 고문과 충격, 절대적인 공포를? 아버지가 총에 맞아 죽는 장면을 보여 주는 것이 하나님 자신의 의도가 아니었다고 하나님은 어떻게 에릭의 딸아이에게 설명하실까?

자신에게 질문해보라. 이 세상에 존재하는 모든 악에 대해 하나님이 어떤 대답을 주실지. 이러한 참상을 더 낫게 하기 위해 하나님이 어떤 대답을 주실지.

내 딸아이 셸비가 세 살 때 손가락이 현관문에 끼어 크게 다친 적이 있다. 아이의 새끼손가락 끄트머리가 퉁퉁 부어올랐다. 손을 얼음물에 담근 채 우리는 병원으로 달려갔다. 의사는 110km 정도 떨어진, 가장 가까운 수술 센터로 우리를 보냈다. 그곳의 의사들은 아이의 뼈를 깎고 손가락을 복원하는 수술을 했다.

아이를 수술실로 데려가는 동안, 셸비는 손을 뻗고 나를 애타게 불렀다. 간호사들은 잠시 들것을 멈추고 내가 아이를 안을 수 있도록 배려해 주었다.

"엄마, 여기 있어." 나는 아이와 함께 울면서 말했다. "엄마, 여기에 계속 있을 거야."

안심한 아이는 겨우 울음을 멈추었다. 더 이상 무섭지 않았던 것일까? 물론 아니다! 여전히 아팠을까? 당연하다! 하지만 아파하는 내 딸아이에게 가장 중요한 것은, 내가 그 아이를 떠나지 않고 함께할 거라는 나의 약속이었다.

왜라는 문제에는 만족할 만한 정답이 없지만, 그것은 하나님의 광포하심에 대한 문제도 아니다. 우리를 향한 하나님의 의도는 구체적이다. 하나님은 우리에게 소망을 주기 위해 오셨다. 어두운 밤을 헤쳐 나갈 소망, 회복을 불러 올 소망, 외로울 때 우리와 함께해 주시는 소망, 상처 입은 영혼과 땅을 치유하신다는 소망, 주린 배를 채워 주신다는 소망, 우리를 따뜻하게 해 줄 여분의 겉옷과 사랑에 대한 소망, 우리가 중요한 존재라는 소망, 우리에겐 목적이 있다는 소망, 우리가 우리 자녀들의 자녀들에게까지 물려 줄 더 나은 세상을 만들 수 있다는 소망, 지금 충만한 삶을 살 수 있다는 소망을!

몇 년 전 파키스탄에서 댄 맥컬럼 대령이 살해당했을 때, 그의 아내 젠이 붙들었던 소망이 바로 이런 종류의 소망이었다. 젠은 당시 첫 아이를 임신한 상태였다. 남편을 잃고 젊은 나이에 미망인이 되리라고 꿈에라도 상상했었을까. 한 출판 행사에서 나는 그녀를 처음 만났다. 내가 앉은 자리까지 건너온 그녀의 뒤로 금발의 잘생긴 소년이 보였다.

"다니엘이에요. 애 아빠가 죽은 이후에 태어났지요." 그녀가 말했다.

그 자리에서 나는 지난 수년 동안 나 자신이 놓쳐 왔던 것들 그리고 그녀와 다니엘이 앞으로 놓치게 될 것들을 슬퍼하며 젠과 함께 울었다. 그 뒤로 우리는 많은 대화를 나누었다. 그녀는 언젠가 한 번은 남편이 죽고 나서 얼마 지나지 않아 누군가 그녀에게 이런 질문을 했다고 이야기했다. "이런 때에 어떻게 하나님의 존재를 믿을 수 있어요?"

"어떻게 믿지 않을 수 있지요?" 그녀는 이렇게 대답했다.

최근 나는 어느 전쟁 미망인과 그녀의 두 자녀와 함께 레쥰 기지에서 며칠을 보냈다. 전사한 군인의 딸로서 나는 군인 가족들이 겪험하는 슬픔에 대해 조금은 알고 있다.

이라크 전쟁에서 두 번째 전투에 참전한 후 집으로 돌아와 한 주가 지난 2005년 2월, 마흔세 살의 해병 중령 리처드 워셀은 기지 체육관에서 운동을 하다 심장마비로 사망했다. 그 이후 그의 아내 비비안은 유가족과 관련한 문제들과 부단히 싸웠다.

내가 그녀와 함께했던 그 주에 비비안은 군인들을 대상으로 어떤 발표를 했다. 필수적인 훈련 과정의 하나였기 때문에 강연장으로 꾸민 식당 안에는 대부분 억지로 참석한 군인들로 빼곡했다. 비비안은 보통은 케이코CACO라고 불리는 영현처리 장교로서 그들이 무엇을 하고 또 해서는 안 되는지에 대해 설명했다. 가족들에게 그들의 아들과 딸, 남편, 아내의 사망 소식을 알리는 것이 그들의 업무였다.

"그 업무에 자원하는 사람은 아무도 없습니다." 한 젊은 신병이 진지하게 말했다. "내 친구의 가족에게, 하물며 모르는 사람에게라도 그런 소식을 전해 주고 싶어하는 사람은 아무도 없습니다."

군인들 대부분이 이 의무를 수행해야 한다. 군목이 그들과 동행하기는 하지만 가족에게 이 소식을 전하는 것은 영현처리 장교의 의무다. 군인이 부상을 당했을 때에는 이 장교를 내보내지 않는다. 오로지 군인이 죽었을 때에만 군대는 제복을 차려입은 장교를 내보낸다.

1966년 7월, 우리는 우리가 살던 작은 이동 주택 앞에서 새로 사들인 강아지에게 줄을 묶어 주고 있었다. 그때 영현처리 장교가 집 앞으로 차를 세웠다. 엄마는 그 군인을 본 순간 아빠의 죽음을 알

앉다고 한다. 우리 살고 있던 동네 300km 이내에는 군 기지가 없었기 때문이다.

나는 영현처리 장교가 오던 날에 대한 수십 편의 이야기들을 전해 들었다. 장교의 입으로 소식을 듣지 않는 한 자신의 남편은 죽지 않은 거라며 텍사스의 한 미망인은 집의 뒷문으로 도망친 후 풀 덤불에 몸을 숨기도 했다.

어떤 미망인은 문을 잠그고는 그 장교를 집안으로 들이지 않았다고 이야기했다. 어느 미망인은 자신을 납치하기 위해서 그 장교가 자신의 남편이 죽었다고 거짓말을 한다는 생각까지 했다고 한다. 충격을 받은 사람에겐 이렇게까지 어리석은 생각도 가능하다.

문에 난 구멍을 종이로 가리기까지 한 사연은 뉴욕의 한 해군 미망인이 들려주었다. 그녀는 자신이 문을 직접 열어 영현처리 장교를 만나기 전까지는 그가 왔다는 사실을 알고 싶지 않았다고 한다.

영현처리 장교가 찾아온 날, 이 미망인은 남편이 죽었다는 소식에 주먹을 휘둘렀다. 손바닥으로 그 장교를 치고 때리고 소리를 지르고 욕을 했다.

이 노련한 장교는 무엇을 했을까?

아무것도 하지 않았다.

그는 가만히 서서 이 젊은 미망인이 자신에게 휘두르는 폭력을 다 받아냈다. 그는 움찔하지도, 물러서지도 않았다. 그만하라고 말리지도 않았다.

해병에게 다가가 있는 힘껏 그의 뺨을 후려칠 생각을 해 본 적이 있는가?

욕설은? 해병에게 욕설을 퍼부어 본 적이 있는가? 당신이 아니라면 주변에 아는 사람이라도?

해병에게 유머감각이라고는 눈꼽만큼도 없다. 전혀! 절대! 누구라도 자신들을 얕보는 말을 한다면 그들은 그냥 봐 주지 않는다. 욕설과 고함, 폭력은 말할 것도 없다.

하지만 이 노련한 해병은 젊은 여인이 자신의 슬픔을 표현하도록 내버려 두었다.

하나님의 모습이 이렇지 않을까? 우리 앞에 서신 하나님은 우리의 슬픔을 위해 긍휼을 건네시는데 우리는 어떻게 반응하는가? 우리는 하나님을 때린다. 그분을 밀쳐낸다. 화낸다. 욕을 한다. 그에게서 도망한다. 숨는다. 아니면 우리 삶에서 잘못된 모든 일들의 책임을 뒤집어 씌워 마치 그분이 무시무시한 침입자인 양 대우하기도 한다. 우리는 하나님이 우리에게 오신 유일한 이유가, 우리가 받아들이기만 한다면 우리를 돕기 위해서라는 사실을 계속해서 잊어버린다.

장례와 매장 절차가 남아 있는 다음 30일 동안, 군대는 그 장교가 유가족과 함께 지낼 수 있도록 배려한다. 서류 문제는 물론 많은 결정과 간섭이 이 시간 동안에는 필요하다. 영현처리 장교는 유가족의 중재인이자 심부름꾼으로 이 모든 일을 조절한다. 그리고 정말 훌륭한 장교는 자신에게 주어진 임무 이상을 수행한다.

많은 장교들이 가족의 필요에 따라 1년이든 그 이상이든, 그 가족들과 친밀한 관계를 형성한다. 아이들을 위한 햄버거 배달, 숙제 봐주기, 야구 경기에 데려가기 등 일상적인 일을 보살핀다. 지붕

청소와 크리스마스 장식 달기, 더운 날의 잔디 깎기 등 어려운 일들까지 세심하게 신경 쓴다. 훌륭한 영현장교가 가족들에게 전하는 메시지는 분명하다. "무엇이든 필요한 대로 말씀하세요. 제가 도와드릴게요. 말씀만 하세요."

하나님도 이와 같으시다. 언제든 우리를 도울 준비가 되어 계시다. 주어진 임무 이상의 신실하심으로. 우리의 문제들을 해결하지는 않으시더라도 언제나 우리 옆을 지키시겠노라 하나님은 약속하셨다. 우리는 그분의 도움을 청하기만 하면 된다.

{ 13 }
연약한 믿음의 사람들

남부 여행을 할 때마다 친구인 켄과 셰리 부부는 나를 자신들의 집으로 초대한다. 우리는 주로 집 뒤로 나 있는 현관에 앉아서, 그 지역 특유의 매미 떼의 합창을 배경으로 이야기를 나누며 저녁시간을 보낸다. 따뜻한 여름밤이면 재스민 향이 요동을 치고 엄마의 고운 향수 냄새에 흠뻑 젖은 아가에게서 나는 달콤한 내음이 온 집 안에 퍼진다. 옅은 조명과 별빛 그리고 달이 뜨는 밤에는 달빛까지 그윽한 그곳에서 우리는 음식을 나눈다.

셰리와 처음 만난 곳은, 70년대에 내가 처음으로 찾은 로즈힐침례교회였다. 나보다 나이가 조금 많았던 그녀는 나보다 더 똑똑하고 예쁘기까지 했다. 지금도 여전히 그렇다. 켄은 애팔래치아 산맥의 최남단 약 1천5백만 평의 삼림 보호 지역을 유산으로 남긴 케이슨 캘러웨이와 버지니아 캘러웨이의 손자다. 캘러웨이 가든은 전 세계 가족들을 위한 교육과 휴양의 장소 역할을 해 왔다. 그곳은 산책과 자전거 코스는 물론 골프와 수상스포츠, 나비 정원과 채소 정원, 교육 센터와 예배당까지 갖추고 있다.

캘러웨이 가든을 방문했을 때 나는 멸종 위기에 있다는 연령초를 알게 되었다. 사람들은 이 꽃을 불굴의 연령초라고 부른다. 연령초는 기다랗고 끝은 점점 가늘어지는 세 갈래 에메랄드 녹색 이파리가 나선형 모양으로 하나로 붙어 나오는 우아한 꽃이다. 파리해 보이는 노란 뿔과 화살촉 모양을 한 순백의 꽃잎이 이파리 위로 올라와 있다. 시간이 지나면서 이 꽃의 색깔은 분홍빛으로 바뀐다고 한다. 그날 본 기록에 따르면, 이 꽃은 주로 숲속의 가파른 경사나 계곡과 같은 곳에서 월계수 근처에 서식한다. 하지만 요즘은 조지아 주 북동쪽, 혹은 사우스캐롤라이나 근처 탈룰라 투갈루 강 주변에서만 발견된다고 한다. 이 꽃이 멸종 위기에 놓인 이유는 이들의 서식 지역이 댐 건설이나 지나친 가축의 방목, 개발로 없어지거나 훼손되었기 때문이다.

나는 그 꽃을 잊을 수가 없다. 세 개의 꽃잎과 이파리들은 내게 많은 것을 상징했다. 삼위일체 하나님, 언덕 위 세 개의 십자가, 두 사람과 그들을 붙들어 준 믿음 사이의 관계. 하지만 정말 수 년 동안 내 마음을 사로잡은 것은 그 꽃의 연약함이었다.

이 꽃은 커다란 소나무들 틈바귀에서 열 개, 혹은 그보다 적은 수가 군락을 이루어 계곡 골짜기와 같은 가파른 장소에서만 자란다. 어린 꽃은 고작해야 이파리 하나만을 피워 낼 수 있다. 이파리가 세 개나 달린 꽃을 피우기까지는 7년에서 10년이라는 성숙의 시간이 필요하다. 하지만 환경적인 방해가 없다면 이 식물은 30년까지도 산다고 한다.

단어 연상 게임을 하는데 방금 뽑힌 카드에 '불굴'이라는 단어가 적혀 있다고 가정해보자. 무엇이 떠오르는가? 마라톤? 승리? 테레사 수녀? 당신의 어머니?

다른 사람들은 어떨지 모르겠지만 '불굴'이라는 단어에 나는 강하고 고집 세고 유능하고 용감한 사람을 떠올린다. 쉽게 포기하지 않는 사람들.

베트남 전쟁에서 저격수의 총을 맞고 턱이 산산 조각 나서 그 이후 군인병원에서 19개월을 보낸 내 친구 고든 워포드가 나는 제일 먼저 떠오른다. 그는 턱 수술을 수도 없이 받았다. 말하는 법, 먹는 법을 다시 배워야 했다. 그리고 살아야 할 이유까지 다시 찾아야 했다.

열네 살 때 어린 시절의 수많은 동무들을 살해한 반군들을 피해 수단에서 도망쳐 온 데이비드 모지스 대위도 떠오른다. 그가 어머니 아버지와 다시 연락을 하기까지는 2년이나 걸렸다. 그가 죽었다고 생각한 가족들은 이미 장례도 치른 상태였다. 데이비드는 유타 웨버 주립대학교에서 우등생으로 졸업했고 그 이후 자신이 귀화한 나라에 보답하고자 입대해서 이라크 전쟁에 두 번이나 참전했다.

나는 또한 내 어머니를 떠오른다. 평생의 사랑하는 남편인 나의 아버지가 세 아이만 덩그러니 남겨 놓고 베트남에서 돌아가셨을 때, 학력이라곤 중학교 졸업이 전부이던 어머니는 당시 스물아홉 살이었다. 그리고 남편과 아내를 잃고 시신이 담긴 관 위로 눈물을 떨구었을 역사 속 수천 명의 유가족들도 떠올랐다. 무엇에도 위로받지 못할 그들의 외로운 자녀들도.

「이스트 오레고니안」의 기자로 일하던 당시, 내 첫 기사의 주인공이던 조 하버도 떠올랐다. 조는 진행성 신경 질환인 프리히드라이히 실조증(퇴행성 신경 질환으로 보행 장애에서 부터 언어 장애, 심장 질환에 이르기까지 다양한 증상을 나타내는 유전적인 질환-옮긴이) 환자였다. 어릴 적 그는 아버지처럼 소방관이 되고 싶었지만 그의 질병 때문에 꿈을 접어야 했다. 다른 친구들이 사랑을 꽃 피우던 20대, 그는 보행 보조기를 붙들어야 했다. 자신의 어두운 앞날에 다른 누구를 끌어들이기가 싫었던 그는 자신의 여자 친구와 헤어지기로 결심했다. 우리가 마지막 대화를 나누었던 그 즈음, 조는 휠체어에 앉아 협죽초와 수선화를 가꾸고 있었다. "소망을 포기해야 할 사람이 있다면, 바로 저였을 거예요." 조는 말했다. 자살을 생각한 적도 있었지만 그는 자신이 하나님께 소중한 사람이라는 확신을 준 「로마서」 5장 2절과 8장 1절을 읽고 그런 마음을 돌렸다고 한다. "멈추지 말고 우리는 계속 전진해야 해요." 그는 말했다.

열네 살, 스물다섯 살의 두 아들을 잃은 내 친구 켄과 셰리도 생각났다. 한 명도 아닌 두 명의 자녀를 잃은 부모의 마음이란 상상하기도 힘들다. 나는 작가로 알려진 제럴드 싯처를 인터뷰한 적이 있다. 그는 음주 운전자가 낸 교통사고로 어머니와 아내 그리고 어린 딸을 모두 잃었다. 그리고 사고 이후 그는 『하나님 앞에서 울다』(좋은 씨앗 역간)라는 책을 써냈다. "저는 제 과거와 현재 그리고 미래를 모두 잃어버렸습니다." 싯처는 자신이 경험한 격렬한 슬픔을 설명하면서 이렇게 말했다.

이 모든 사람들이 내게 가르쳐 준 한 가지가 있다. 인내는 우리의 능력이 아니라는 사실이다. 인내는 우리의 연약함이다. 우리 믿음은 가파른 계곡에 매달린 멸종 위기의 식물처럼 연약하기 그지없다. 이 위험을 이기고 살아남으려면 우리는 우리를 지으신 분의 선하심을 믿고 의지하면서 더욱 깊이 뿌리를 내려야 한다. 인내는 우리의 의지가 아니다. 하나님의 의지다.

멸종 위기의 연령초가 자신이 처한 위험을 염려하기보다 하나님이 창조하신 아름다움 그대로 존재하듯, 우리도 쉴 새 없는 염려를 멈추어야 한다. 하나님이 우리를 강둑 바위 틈에서 살아남아야 할 작디작은 세 갈래 꽃잎의 꽃으로 만드셨다면, 하나님은 분명 우리를 계곡 밑으로 걷어차 버리시거나, 우리가 "아바 아버지" 울부짖을 때까지 우리의 손가락을 밟고 계시다가 우리가 떨어지도록 슬그머니 발을 빼지는 않으실 것이다. 하나님이 자신의 아들을 보내 구원하시려 한 멸종 위기 인류가 우리였다는 사실을 잊지 말라.

∽∞∽

내가 읽어 본 책 중 믿음을 가장 탁월하게 설명한 책은 데니스 코빙톤이 쓴 뱀을 만지는 거룩한교회를 다룬 『모래산의 구원』이다.

남편은 내게 두 손 두 발을 다 들었다는 듯이 이렇게 말한다. "당신은 정말 정신 나간 여자야!" 내가 왜 코빙톤의 책을 좋아하는지 남편은 이해하지 못한다. 분명 수상 경력에 빛나는 코빙톤의 글솜씨 때문은 아닐 것이다. 악몽을 꾸던 나를 남편이 깨운 그날 밤 그의 뺨을 때리며 "물러서라, 이 사단아!"라고 소리쳤던 그 사건 때문이지 않을까 하는 생각을 한다.

그가 나를 깨우던 순간 나는 마침 마귀들에게 피를 뿌리고 있었다. 남편은 어느 날 집으로 돌아왔을 때 내가 방울뱀을 끌어안고 있지는 않을지 걱정되는 모양이다.

주일 아침에 뱀을 던져 믿음을 증명하도록 하는 교회에서 자란 것은 아니지만 이 거룩한교회와의 인연은 기자라는 직업 덕에 시작되었다고 코빙턴은 말한다. 그는 성난 방울뱀이 손을 물 때까지 방울뱀 우리에 손을 집어넣고 있도록 아내를 강요해 살인 미수 죄목으로 99년형을 선고받은 글렌 서머포드 목사의 재판 취재를 맡았었다.

이 책에서 가장 매력적인 부분은 코빙턴이 '예수와 그를 따르는 이적 교회' 예배 방관자에서, 뱀을 끌어안고 신경 흥분제를 마시는 의식을 포함한 예배의 열정적인 참여자가 되는 장면이다.

코빙턴과 그의 아내인 소설가 비키 코빙턴은 남침례교회에 출석하는 교인이었다. 남침례 교인들은 조용한 오후 한 잔의 커피를 즐기는 치과의사처럼 조용하고 정연하게 움직이시는 성령을 선호한다. 그들은 방언은 물론 교회에서 춤을 추거나 강단에서 뱀을 던지고 받는 것은 생각조차 하지 못한다. 그들이 흥분하는 모습은 기껏해야 오번 vs 앨라배마, 조지아 vs 플로리다 경기가 열리는 경기장에서나 볼 수 있다.

코빙턴과 같은 지적인 사람이 설마 방울뱀들과 어울릴까 의심한다면 오산이다. 거룩한교회 사람들은 코빙턴과 그의 가족에게 환대의 손을 내밀었고, 자신들의 집과 나무그늘 모임, 교회 모임으로 그들을 초청했다. 처음에는 사건을 조사하려는 목적이었지만 그들과 친구가 되어 가면서 코빙턴은 그들과 동질감을 느끼기 시작했다. 코빙턴의 책에 대한 독자들의 호기심을 망치고 싶지는 않지만, 아래는 방울뱀을 집어 들던 날에 대한 코빙턴의 고백이다.

이때였다. 나는 멈추어 생각하지 않았다. 그냥 항복했다. 나는 앞으로 나가 두 손으로 뱀을 집어 들었다. 칼이 내게 뱀을 던졌다. 나는 성도들의 얼굴을 마주보며 뱀을 빛 가운데로 들어 올렸다. 더 위로 오르고 싶다는 듯, 교회의 지붕을 뚫고 하늘로 오르고 싶다는 듯 뱀은 움직였다. 뱀을 만지는 사람들이 내게 말해 준 그대로였다. 나는 전혀 두렵지 않았다. 뱀이 마치 또 다른 나 자신처럼 느껴졌다. 갑작스레 그 방에는 나와 뱀만이 남아 있는 듯했다.

내가 그 부분을 처음 읽었을 때, 남편과 나는 애틀랜타를 벗어나 85번 고속도로를 타고 남쪽으로 향하는 중이었다. 남편이 운전을 하는 동안 나는 책을 읽고 있었다. 나는 고함을 질렀다.

"뭐야? 왜 그래?" 남편이 놀라 물었다.

"뱀을 만지는 사람들에 대한 이야기. 당신은 방울뱀을 집어 들 수 있을 거 같아?"

"아니!" 단호하게 대답하는 남편 팀의 짙은 눈썹이 의심의 눈초리로 씰룩거렸다.

"굉장한 경험이 될 것 같지 않아?"

"당신은 정말 정신 나간 여자라니까."

"아니야, 한 번 상상해 봐. 당신의 손에 아주 잠깐이라도 당신이 가장 두려워하는 것이 들려 있다고. 놀라울 것 같지 않아, 그 두려움을 정복한다는 게?"

"그렇다고 뱀 우리 안으로 내 손을 집어넣어야겠어?" 남편은 아이들을 쳐다보면서 "얘들아, 엄마 이야기 듣지 말라. 엄마는 지금 제정신이 아니야."

우리 아이들은 고개를 끄덕였고, 엄마를 위해 집안으로 뱀을 들이지 않겠다고 아빠를 안심시켰다.

∞

내가 단단한 근육의 비단뱀을 들어본 것은 몇 년 전 베트남에서였다. LA 공항을 빠져나간 오래된 여객기는 그 지역 주민들이 여전히 사이공이라 부르는 호치민을 향하고 있었다. 공항으로 가기 전 날, 오빠 프랭크가 전화를 걸어 왔다.

"하노이에도 갈 거니?"

"응, 그 나라를 다 둘러 볼 계획이야."

"그래? 만일 사람들이 널 체포해도 오빠가 가서 보석으로 너를 풀어 줄 거라고 기대하지는 마라."

"알았어. 내가 무슨 범죄자도 아니고." 안심을 시키며 나는 대답했다.

엄마도 전화를 걸어 왔다. 우리는 전쟁에 대한 이야기를 했다. 이라크를 침공한 미국에 대해서. 엄마가 걱정하는 것은 당연한 일이었다. 지난 번 누군가를 베트남으로 보냈을 때 그가 시체가 되어 집으로 돌아왔으니 말이다.

"엄마는 네가 가지 않았으면 좋겠구나." 엄마는 말했다.

하지만 나는 엄마나 내 두려움 때문에 그만두고 싶지는 않았다.

오래전 나는 하나님께 나의 가장 큰 두려움을 극복하게 해 달라고, 그래서 언젠가는 24시간 비행에 도전할 수 있도록 해 달라고 했다! 그때 나는 알지 못했지만 하나님은 아셨다. 모든 것을 아시는 하나님이 나를 위해 이 여행을 준비하고 계셨다.

나처럼 베트남전에서 아버지를 잃은 자식들과 동행한 여행이었다. 이 여행에 대해서는 나의 책『국기를 접고 난 후』에 자세히 기록되어 있으니, 이곳에서는 내가 그 거대한 비단뱀을 들던 날에 대해서만 이야기할 생각이다.

우리는 사이공 시내에서 메콩 강까지 세 시간 정도를 버스로 여행했다. 바나나, 콩 꼬투리, 야자나무 경지들을 지나, 옹기종기 땅바닥에 쪼그리고 앉아 있거나 하얀색, 분홍색, 파란색 플라스틱 의자 위에 앉아 있는 밝은 옷차림의 사람들도 구경했다. 자전거 뒤로 밀짚, 풍선, 바구니, 그릇들을 실은 행상들도 보았다. 그들은 버스가 씽하고 옆을 지나가거나 경적을 울려도 움찔하지 않았다. 오토바이 수리점은 스타벅스만큼이나 널려 있었다.

메콩 강은 조지아 주의 채타후치 강만큼이나 탁했고 날씨도 비슷했다. 찌는 듯 무더웠다. 우리는 완두콩 꼬투리를 닮은 나무 삼판 배로 올라탔고, 배는 점심 계획이 잡혀 있는 강 상류쪽으로 올라갔다.

점심식사는 튀긴 은상어와 돼지고기, 닭고기, 밥, 밥 그리고 또 밥이었고 점심을 마치고 나자, 행사를 주관한 베트남 사람이 23kg짜리 비단뱀을 목에 두르고 나타나 뱀을 들어 보고 싶은 사람이 있는지를 물었다.

거룩한교회 친구들은 코빙턴에게 기도나 성령의 감동이 없이는 절대 뱀을 만져선 안 된다고 경고했다. 하지만 내가 있던 곳은 그들의 나무그늘도 아니었고 우리와 함께 있던 유일한 설교자는 가톨릭 신부님뿐이었다. 뱀을 만지는 것에 대한 그의 신학적 입장이 어떤지 잘 모르겠지만 한 가지는 분명했다. 그것은 내가 가장 두려워하던 비행의 두려움과 오랫동안 적으로 생각해 온 베트남 사람들에 대한 두려움을 내가 이미 내 손에 쥐어 보았다는 사실이다. 그 둘에 비한다면 비단뱀은 아무것도 아니었다.

"저요, 제가 해 보고 싶어요!" 나는 소리를 질렀다. 내 어깨로 누군가 뱀을 둘러 주었다.

나는 전혀 두렵지 않았다. 하지만 다시 한 번 말하자면, 내 목으로 둘린 건 그렇게 큰 방울뱀이 아니었다.

지금 돌아보면 내가 그동안 얼마나 넓은 땅 위를 비행기로 날아다녔는지 그저 놀랍기만 하다. 나는 처음부터 나의 비행공포증이 병적이라는 사실을 그리고 기도만으로는 고칠 수 없다는 사실도 알고 있었다. 깨달았다고 해야 할지 아니면 깨우쳐 주셨다고 해야 할지 모르겠지만, 분명 나는 나의 공포증을 탐닉하고 있었다. 상상력이 나를 좌지우지하도록 나 자신을 방치하고 있었다. 인정하고 싶지 않지만, 간단히 말해 나는 하나님을 신뢰하지 않고 있었다.

무시무시하게 생긴 예수님이 여전히 어둠 속에서 움츠린 채 나를 노려보고 계신다고 생각했다.

문제를 알아차리기는 쉽다. 하지만 문제를 해결하기 위해선 노력이 필요하다. 당신의 가장 친한 친구가 어느 날 당신에게 찾아와 이렇게 묻는다고 하자. "난 믿음이 너무 부족해. 어떻게 해야 믿음을 얻을 수 있을까?" 당신은 어떻게 대답하겠는가?

나를 따라해 보라. "그러므로 믿음은 들음에서 나며 들음은 그리스도의 말씀으로 말미암았느니라"(롬 10:17).

한 가지는 분명히 해야겠다. 불안, 우울증, 극성 장애, 망상과 마비를 일으키는 편집증으로 얼마든지 확대될 가능성이 있는 다른 육체적·정신적 질병을 앓는 사람이 성경구절만을 외운다고 해서 그 병이 치료되는 것은 아니다. 나는 상담과 심리치료가 그런 문제를 지닌 사람들에게 꼭 필요하다고 강력하게 주장한다. 기도가 도움이 되듯, 성경공부도 마찬가지다. 하지만 에릭 셰넌의 경우처럼 필요한 의학적 치료를 무시하고, 믿음으로 스스로 치료하겠다고 고집할 때 일이 잘못된다. 많은 경우, 자가치료 자체가 마귀로 돌변하기도 하기 때문이다.

대부분의 사람들처럼 우리 같은 평범한 순례자들은 일상 가운데 그리고 우리를 쇠약하게 하는 두려움과 씨름하는 가운데 우리의 믿음을 실천해야 한다. 그리고 믿음을 세우는 가장 분명한 방법은 말씀 암송이다.

나는 「마가복음」 9장 14-24절에 나오는 아버지의 기도를 묵상하면서 시작했다.

이에 그들이 제자들에게 와서 보니 큰 무리가 그들을 둘러싸고 서기관들이 그들과 더불어 변론하고 있더라. 온 무리가 곧 예수를 보고 매우 놀라며 달려와 문안하거늘 예수께서 물으시되 너희가 무엇을 그들과 변론하느냐? 무리 중의 하나가 대답하되 선생님 말 못하게 귀신 들린 내 아들을 선생님께 데려왔나이다. 귀신이 어디서든지 저를 잡으면 거꾸러져 거품을 흘리며 이를 갈며 그리고 파리해지는지라 내가 선생님의 제자들에게 내쫓아 달라 하였으나 그들이 능히 하지 못하더이다. 대답하여 이르시되 믿음이 없는 세대여 내가 얼마나 너희와 함께 있으며 얼마나 너희에게 참으리요. 그를 내게로 데려오라 하시매 이에 데리고 오니 귀신이 예수를 보고 곧 그 아이로 심히 경련을 일으키게 하는지라. 그가 땅에 엎드러져 구르며 거품을 흘리더라. 예수께서 그 아비에게 물으시되 언제부터 이렇게 되었느냐 하시니 이르되 어릴 때부터니이다. 귀신이 그를 죽이려고 불과 물에 자주 던졌나이다. 그러나 무엇을 하실 수 있거든 우리를 불쌍히 여기사 도와주옵소서. 예수께서 이르시되 할 수 있거든이 무슨 말이냐 믿는 자에게는 능치 못할 일이 없느니라 하시니 곧 그 아이의 아비가 소리를 질러 가로되 내가 믿나이다 나의 믿음 없는 것을 도와 주소서 하더라.

─────

두려움 때문에 약해지는 경험을 해 보지 못한 사람에게는 나의 베트남 여행이 그렇게 위대한 승리처럼 보이지 않을 것이다. 그러나 그런 두려움을 겪어 본 사람이라면 믿음을 실천해야 한다는 내 말의 의미를 알 것이다. 온 힘을 다해 홀로 기도할 수는 있겠지만 실제로 발을 떼어 비행기에 오르지 않는다면 믿음을 실천하는 것이 아니다.

우리가 숨을 쉬고 살아가는 한 나쁜 일들은 분명 일어난다. 부모는 병들고 자녀들은 다친다. 비행기는 추락하고 나쁜 사람들은 범죄를 저지른다. 권력을 가진 사람들은 어리석은 전쟁으로 모두를 위험에 빠뜨린다.

우리가 마주하는 적들의 목록은 점점 길어지기만 하고, 계속되는 위협은 우리의 마음을 헤집고 다닌다. 적들을 일일이 기억하기도 피곤한 일이다. 악한 사람들이 우리에게 가하는 가장 큰 위협은 육체적인 죽음이라고 믿을 것이다. 그러나 사실은 우리가 살아가는 매 순간 그들이 빼앗아가는 것들이 더 위험하지 않을까?

코빙턴은 미국에서 매년 8천 명의 사람들이 독뱀에 물리고 그중 약 열 명만이 목숨을 잃는다고 말한다. 열 명 가운데 한 명이 되지 않는다면야 그리 나쁜 확률은 아니다. 코빙턴이 그 책을 기록할 당시 미국에서 종교 의식을 통해 독뱀에 물려 죽은 사람의 수는 일흔 한 명이었다.

뱀을 만지고 신경 흥분제를 복용하는 것이 왜 예배의 일부가 되어야 하는지 나는 이해하지도 못하고, 아니 이해하고 싶지도 않다. 그러나 내가 가장 두려워하는 것을 잠시나마 내 두 손으로 움켜쥔다는 생각은 놀랍기만 하다. 두려움을 잠깐이나마 정복한다는 생각만으로도 기분이 황홀해진다. 두려움에 사로잡혔던 사람이 자유를 얻고 이제 더욱 충만한 삶을 살 수 있다니 정말 놀라운 일 아닌가!

너의 예수님은 어디에 계시니?
저기 뱀과 함께 있는 사람이 보이지?
그래. 그분이야. 춤을 추고 계시는.
너도 함께하지 않을래?

{ 14 }
두려움과 춤을 추다

아버지 니노 리버다이스 하사가 이라크에서 전사했다는 소식을 들었을 때, 데스트레는 다섯 살이었고 동생 카슨은 세 살이었다. 엄마 재키는 스물두 살에 임신 5개월이었다. 아버지가 돌아가셨다는 엄마의 설명에 잠시 생각에 잠겨 있던 데스트레는 오히려 그 자리에 함께한 군목에게 아빠는 천국에 계시니 걱정하지 말라고 위로를 했다.
"천국이 더 좋은 곳이잖아요. 미움도 전쟁도 없는…."

데스트레와 나처럼 전쟁으로 아버지를 잃은 사람들에게 천국은 위로가 된다. 데스트레와 나는 증오와 증오의 그늘, 폭력이 없는 곳에서 살기를 고대한다.

나이 차이에도 불구하고 데스트레와 나는 좋은 친구가 되었다. 내가 그 아이의 집에 놀러가기도 하고, 그 아이가 우리 집에 놀러

오기도 한다. 방학이면 데스트레와 카슨 그리고 그 아이들의 동생 그랜트는 오리건에 있는 우리 집을 방문한다. 아이들이 와 있는 동안, 우리는 맥내리 댐을 따라 걷고, 덤불 속에서 산토끼도 찾으면서 함께 즐거운 시간을 보낸다. 힘차게 흐르는 콜럼비아 강 근처에서 먹이를 찾는 붉은 부리 큰 제비갈매기와 펠리컨을 넋을 잃고 바라보기도 한다. 우뚝 솟은 소나무 숲을 돌아다니는 동안, 우리 발자국 소리는 부드러운 솔잎에 잦아든다. 이 바위에서 저 바위까지 달리기 시합을 벌이기도 한다. 내가 매번 꼴찌다.

아이들이 그저 재미로 우리 뒷마당에 가로 세로 1m가 조금 넘는 구멍을 만드는 동안, 우리는 햄버거와 소시지를 굽는다. 함께 장식한 부활절 계란을 우리 딸 코니는 뒷마당 구석구석 숨기고 아이들은 그 계란을 찾는다. 팀이 잠시 자리를 비울 때마다 그랜트는 울며 팀을 찾곤 한다. 이야기를 들려주고 함께 기도한 후 잠든 아이들을 볼 때 내 마음은 가끔 숨쉬기 어려울 정도로 아파 온다.

나는 이 아이들에게서 아버지 없이 자라는 외로움을 본다. 아이들이 얼마나 아버지를 그리워할지 나는 잘 알고 있다. 나 역시 지금까지도 아버지가 그립기 때문이다. 이 아이들이 아버지를 잃고 외롭게 자라는 이유가 복수심에 사로잡힌 우리나라의 정치인들 때문이 아니기를 간절히 바랄 뿐이다.

나는 우리 지도자들을 위해 기도한다. 군대를 위해 기도한다. 이라크 사람들과 그들의 아들딸들을 위해서도. 나 자신의 비뚤어진 마음을 위해서도. 하지만 솔직히 자신이 하나님의 나라의 십자군이라고 생각하는 사람들만큼은 곱게 보이지가 않는다. 하나님은 보수주의자고 하나님의 보좌는 미국 국방부에 있다고 이 사람들은 정말로 믿고 있는 걸까? 미국이 하나님의 나라라고, 오직 미국만이 하나님이 다스리시는 나라라고 이 사람들은 정말로 그렇게 생각하는 걸까?

한 주가 지나 아이들의 엄마가 있는 곳으로 아이들을 데려 가는 동안 데스트레와 나는 이야기를 나누었다. 다른 아이들은 잠들어 있었다. 내가 재키와 아이들을 처음 만났을 때 그들은 앨라배마에 살고 있었다. 니노가 죽은 후 그들은 유타로 이사를 했다.

"학교 친구들에게 아버지가 이라크에서 돌아가셨다는 이야기를 하니?" 나는 물었다.

"아니요." 데스트레가 대답했다.

"왜?"

"아빠 이야기를 하면 슬퍼지니까요."

"그래, 아줌마도 이해해."

"저도 아줌마 마음 알아요."

데스트레가 연필로 그려 준 우리 아버지들의 그림은 지금도 내 사무실에 걸려 있다. 그 그림을 나한테 주면서 데스트레는 이렇게 말했다. "아줌마 아버지가 돌아가셨을 때 아줌마는 아홉 살이었어요. 저는 다섯 살 이었고요. 저보다 아줌마가 아버지와 4년을 더 함께 살았다는 뜻이지만, 두 분 모두 미국의 영웅이니까 그게 그렇게 중요한 건 아니에요." 그 그림 맨 아래에는 이렇게 적혀 있었다. "나와 내 친구 카렌의 아버지는 전쟁에서 돌아가셨습니다."

"친구들에게 아버지 이야기를 하지 않는 다른 이유는 뭐니?"

"친구들은 아버지가 전쟁에서 돌아가셨다고 하면 멋지다고 생각해요. 하지만 전혀 멋지지 않아요. 아프기만 한걸요."

데스트레는 분명 내가 만나 본 가장 똑똑한 아이 가운데 한 명이다. 이 아이의 지혜와 통찰에 나는 할 말을 잃는다. 실제로 그 대답을 들은 이후 나는 몇 시간 동안 아무 말도 하지 못했다. 자신이 읽던 만화책 『캘빈과 홉스』로 눈을 돌린 아이는 잠시 후 동생들처럼 잠이 들었다.

만일 데스트레의 말이 맞다면, 만일 우리가 전쟁에서 죽는 것이 정말로 멋지다고 생각하는 세대의 아이들을 길러내고 있다면, 그 아이들은 우리가 지금 우리 적이라고 부르는 사람들과 무엇이 다른 걸까? 혹시 우리가 지하드의 투사들을 만들고 있는 것은 아닐까? 조국을 위해 생명을 바치는 것이 최고의 명예라고 아이들에게 가르치는 것은 아닐까? 뉴스에서 칭송받고, 환영받는 전쟁 영웅들의 모습만을 보여 주는 건 아닌지. 폭탄에 맞아 죽는 것이 세상에서 가장 멋진 일이라고 정말로 아이들이 생각한다면….

웨스트몬트 대학교에서 커뮤니케이션을 가르치고 있는 그렉 스펜서 교수는 오랜 시간 우리가 믿음 공동체에서 사용하는 은유들에 대해 연구해 왔다.

"인정하기는 싫겠지만 우리 문화는 너무 전투적입니다. 어떤 사람들이 사회에서 즐겨 사용하는 은유를 통해 우리는 그 사회에서 중요하게 여기는 것이 무엇인지 알 수 있습니다. 우리는 군대에서 사용하는 은유들을 많이 사용하는데 그 이유는 우리 문화에서 군대가 중요하기 때문입니다."

우리의 언어는 그러한 주장을 반영한다. 선거에서는 '정면 대결'이라는 표현이 등장한다. 기업들은 '적대적 매수' 운운한다. 툭하면 사람들은 '전멸'이니 '패배'니 하는 단어로 자신들의 상황을 묘사한다. 또 가난과 마약, 가정 폭력을 상대로 전쟁을 선포하기도 한다. 얼마나 위험한 표현들인가?

학교들도 마찬가지다. 미식 축구장과 야구장, 심지어 학교 주차장에서까지도 라이벌 학교와 끝까지 "맞서 싸워야" 한다. 교실과 놀이터는 물론 동네와 정치무대(자유주의자인지 아니면 보수주의자인지)에서 우리는 "어느 한 편을 선택"하고 자신의 입장을 분명히 해야 한다.

야구 경기든, 법정 사건이든 상관없으며, 심지어 신학에서도 우리는 모든 문제를 끝장이 날 때까지 싸워야 할 대상으로 취급한다. 교회에서도 아이들에게 검술과 군가를 가르친다. "나는 하나님의 군대, 대장되신 주님!"과 같은 군가가 대표적이다. 그리고 서로에게 "전쟁을 위하여 무장하고 채비하라"고 격려한다. 평화를 위해 노력할 때조차 '전진', '작전', '시위', '항의'를 통해서 해야 한다니 기가 막힌다.

"교회는 전쟁과 관련된 수사법을 선호합니다. 우리 문화에는 멸망에 관한 표현들이 많이 있습니다. 이것은 교회에서 가르치는 종말론의 영향 때문이기도 하죠. 많은 사람들이 그리스도인들과 이슬람교도들 사이에 최후의 군사적 대결이 일어날 거라고 생각합니다. 게다가 많은 사람들이 그릇된 방식으로 이러한 파멸을 응원하기도 합니다." 스펜서는 이렇게 말했다.

'그들' vs '우리'라는 케케묵은 수사법도 마찬가지다. 그것은 이전의 선한 미국에 대해 우리가 생각하는 방식이기도 하다. 우리는 미국인들만이 정의, 법, 진리의 수호자들이라고 믿는다. 우리와 함께하지 않는 사람은 누구든 우리를 반대하는 사람이다. 그들은 우리의 적이다. 악의 편이다. 패배해야 한다. 멸망 당해야 한다. 그리고 제거되어야 한다. 많은 근본주의자들이 목소리를 높여 지금의 전쟁을 응원한 것은 놀라운 일이 아니다.

"이라크요? 알게 뭡니까? 그들에게는 아마겟돈의 일부일 뿐이지요." 스펜서 교수의 말이다.

오랫동안 두려움은 근본주의자들을 위한 믿음의 중요한 요소였고 불과 유황을 전제로 한 복음 전도법에서도 마찬가지였다. 구원 받아라, 그렇지 않으면 지옥불에 떨어진다! 그러한 접근은 이 세상 무엇도 바꿀 수 없다는 우리의 무능함만 강조할 뿐이다. 굳이 노력할 필요가 있을까? 어차피 산산조각 부서질 세상인데 왜 세상의 선한 청지기가 되어야 할까? 이미 그리스도인의 적인 이슬람교도들과 적이 되어 가고 있는 테러범들의 친구가 될 필요도 없다.

"문화를 변화시키는 소망을 주는 대신, 근본주의자들은 반작용 믿음이라는 전통을 실천하고 있습니다. 이러한 접근은 무가치합니다. 우리가 행동하지 못하도록 하니까요." 스펜서는 말했다.

스스로 자신을 믿음의 사람이라 부르는 사람들은 소망의 증인이

나 변화를 위한 예언자로 일어서기보다, 많은 경우 무슨 일이든 영적인 의미를 부여하고 세례까지 베풀면서 사회의 명령을 수용한다. 기독교 우파와 보수주의 사이의 연결고리가 바로 여기에 있다.

근본주의자들은 늘 자신이 포위되어 있다고 생각한다. 그들은 소망 때문이 아니라, 종교가 제공하는 권력 때문에 종교를 필요로 한다. 적을 색출해 지목해야만 권력을 쥘 수 있다. 적이야 늘 존재하지만, 없다하더라도 만들어 내야 한다. 적이 없다면 두려움도 없고, 두려움이 없다면 권력도 없기 때문이다.

세상이 갑자기 멸망할 거라고 믿는 사람들은, 홀로 뒤쳐지고 남겨지고 싶지 않다면 모든 가족들이 하나님의 말씀과 반자동소총으로 무장해야 한다고 생각한다.

이들은 새 천년이 도래할 당시, 화장지와 물, 인스턴트 식량으로 지하실을 채웠다. 2천 년 새해가 오기 바로 전날 온 나라를 휩쓸었던 공황을 기억할 것이다. 정전과 은행의 도산, 컴퓨터 대 혼란, 무시무시한 예언들까지.

근본주의자들은 세상이 자신들을 맞서 공격한다고 생각한다. 이러한 자신들의 모습은 기운을 북돋아 줄 뿐 아니라, 그들이 몸을 숨기고 낮추어야 할 이유가 되기도 한다. 또한 전투적인 화법으로 가장한 그들의 폭언이 계속 이어지도록 자극하기도 한다. 분리와 해산의 수사법에 관해서는, 보수 논평가 앤 쿨터를 따라올 사람이 없다.

이야기의 대상이 이슬람교도든, 보수주의자들이든, 9·11 미망인들이든 앤의 주된 목적은 진리를 찾는 것이 아니라 왜곡하는 것이다. 진리를 주장하는 것과 찾는 것에는 큰 차이가 있다. 이 둘을 구분하지 못해 앤을 옹호하는 그리스도인들은 부끄러운 줄 알아야 한다.

앤의 의견은 사실보다는, 자신이 사실이라고 주장하는 것을 전제로 한다. 그녀의 방법론은 유치원 시절 우리 모두가 익혔던 유치한 방법과 별 차이가 없다. 교양 있는 사람들은 그것을 인신공격이라 부른다. 요지를 분명히 하고 자신의 의견을 강조하기 위해 다른 사람들을 모욕하거나 무시하는 수사적인 도구 말이다.

그녀가 대선 후보였던 존 에드워즈를 "호모"라 지목했던 일이 그 예다. 워싱턴 D.C에서 열린 보수주의 총회 연설에서 앤이 에드워즈에 대해 한 모욕적인 언급이 근본주의자들 사이에서 다시 회자되기도 했다. 다음은 떠오르는 민주당 우승 후보에 대해 그녀가 CNN과 나누었던 내용의 일부분이다. "또 다른 민주당 후보인 존 에드워즈에 대해 몇 가지 할 말이 있었지만, 요즘은 '호모'라는 말을 쓰면 갱생원에 들어가야 한다니, 뭐, 제 입장에선 막다른 골목이네요. 에드워즈에 대해선 할 말이 없으니 제 말은 여기서 접고 질문에 대한 답이나 하지요."

그녀는 보수주의자들의 명예를 실추시켰다. 그들이 늘 그런 대접을 받을 필요는 없는데도 말이다. 하지만 통찰력 있는 몇몇 사람들이 앤의 불쾌한 증오 화법을 용감하게 반박했으니 감사한 일이다. 존 매케인도 이 일로 그녀를 나무랐다. 「뉴욕타임스」는 그녀의 옆구리를 찔러 사과를 받아내려 했지만 사과는 고사하고 그녀는 더욱 경솔한 조롱으로 반응했다. 그녀는 「뉴욕타임스」에 자신의 언급을 간단한 농담으로 변호했다. "제가 설마 동성애자들을 존 에드워즈에 비교해 모욕했겠습니까? 그랬다면 그건 정말 무례한 일이지요."

하지만 너무나도 많은 보수주의자들과 그리스도인들이 여전히 앤의 선동적인 방법을 격려하고 있다. 우파 근본주의자들에게 그녀는 사랑스럽고 아름다운 대변인이다. 그녀의 허접한 책 『하나님이 없는 자유주의 교회』가 베스트셀러 정상을 차지했을 때 그들은 환호했다.

자신들이 따라 살아야 한다고 주장하는 성경 말씀을 무시하면서 이들은 그 내용이 공립학교, 낙태, 환경, 전쟁, 무엇이든 간에 냉소적이고 뒤틀린 그녀의 주장에 진심으로 박수를 보낸다.

"대부분의 공립학교는 아무리 좋은 학교라 해도 깡패들이 대낮에만이라도 거리에 나와 설치지 않도록 도와주는 비싼 놀이방이거나 최악의 경우, 교사들이 음주와 절도에 빠진 학생들을 폭행하는 범죄 훈련소일 뿐입니다."

"기독교는 인간이 다른 창조물과는 완전하고 뚜렷이 구분된다고 말합니다. 우리에겐 지구 위의 모든 식물과 동물을 지배할 권리가 있습니다. 「창세기」에 분명히 기록된 대로 하나님이 우리에게 주셨으니 우리의 것입니다. 자유주의자들은 이 땅의 청지기적 사명을 조랑말과 쇠똥구리들에게나 넘기려고 합니다.…환경 보호는 사실 인류를 싫어한다는 의미거든요."

"엄마 뱃속에 있는 아기에게 칼을 대는 것이 헌법이 보장하는 권리가 아니라고 믿는 사람들을 민주당은 환영하지 않지요." 혹은 민주당 존 머서 하원의원에 대해 "군인들이 상관에게 수류탄을 던지게 만드는 원인 제공자"라고 이야기한 적도 있다. 예수님의 이름으로 그리고 자신과 같은 보수 그리스도인들을 변호하기 위한 앤의 폭언은 계속 된다.

물론 앤 쿨터가 '그들'에 대항하는 '우리'라는 정신에 기울어진 상당히 많은 관중을 확보했다는 사실에는 의심의 여지가 없다. 그녀의 추종자들은 스스로 '우파'라고 주장하는 사람들을 포함한다. 이들은 또한 자신이 유일한 진짜 성도라고 주장한다. 오직 그들만이 조국과, 조국이 지지하는 모든 것, 즉 하나님과 자유 그리고 자신들과 뜻을 같이하지 않는 대상은 누구든 꾸짖을 (아니면 산산조각으로 폭파시킬) 권리에 진정으로 관심을 가지는 사람들인 것이다.

하지만 쿨터의 접근이 그리스도가 보이신 삶과 동떨어져 있다는 것이 문제다. 예수님은 막달라 마리아를 매춘부라 부르지 않으셨다. 본디오 빌라도를, 하나님을 모르는 호모라 고소하지도 않으셨다. 또는 칼을 들어 역겨운 배반자 가룟 유다의 배를 가르겠다고 위협하지도 않으셨다.

예수님은 정치 제도를 새롭게 하기 위해 오신 것이 아니다. 예수님은 섬기는 삶을 사셨고 희생 제물로 죽으셨다. 증오의 말을 쏟지 않으셨고 대신 우리에게 원수를 사랑하라고 말씀하셨다. "또 네 이웃을 사랑하고 네 원수를 미워하라 하였다는 것을 너희가 들었으나 나는 너희에게 이르노니 너희 원수를 사랑하며 너희를 박해하는 자를 위하여 기도하라"(마 5:43-44).

아리스토텔레스는 수사학의 궁극적 목적이, 사람들을 위협해 그들의 동의를 얻어내는 것이 아니라, 공동의 선을 위해 무언가를 하도록 사람들을 설득하는 것이라고 가르쳤다. 하지만 쿨터의 수사학은, 자신과 같은 마음인 사람들을 자극하고, 자신은 옳지만 다른 사람들은 틀리다고 생각하는 사람들, 자신은 신실한 그리스도인이지만 자신에게 동의하지 않는 다른 사람들은 하나님을 모르는 악한 사람들이라고 생각하는 사람들의 목소리에 힘을 실어 주는 데에 목적이 있다.

아리스토텔레스는 수사학에 대해 단어들을 꿰어 묶는 것 이상의 능력이라고 이야기했다. 아리스토텔레스의 다음 설명처럼 주의 깊게 선택된 단어들은 효과적인 공격의 수단이 될 수 있다.

"여러 가지 미덕들 중에서 용기가 최고의 미덕이 아니다. 그런데 왜 국가는 용기를 다른 어떤 것보다 더 영예롭게 여기는가? 그것은 국가가 전쟁을 일으키든지, 아니면 다른 국가가 도발한 전쟁에 휘말리든지 간에 지속적으로 전쟁 상태에 있을 수밖에 없으며, 그 두 가지 상황에서 용기가 가장 유용하기 때문이 아닐까? 국가는 최고의 미덕을 예우한다기보다, 자신에게 가장 절실한 것을 예우하는 것이다."

내 친구 데스트레의 말이 옳다면 어쩌지? 우리가 나라를 위해 죽는 것이 가장 멋진 일이라고 믿는 아이들을 길러 내고 있다면? 우리는 어쩌다 여기까지 오게 된 걸까? 그 피해를 되돌리려면 무엇을 해야 할까?

코빙턴이 뱀을 집어 들기 전에 그에게 경고한 거룩한 교회 전문가들의 말대로 우리는 기도로 시작해야 한다. 하지만 기독교계의 손 코네리라고 할 수 있는 오스왈드 챔버스가 말했듯이, "우리는 눈을 우리의 문제가 아닌 하나님께 맞추고 기도해야 한다." 다른 말로 하자면, 뱀과 우리를 위협하는 모든 것들을 잊고 하나님을 바라보아야 한다.

거룩한교회 교인들은 그들의 적이 누구인지 알았다. 적은 방울뱀이 아니다. 자유주의자도, 보수주의자도 아니다. 이라크나 북한도 아니다. 우리의 참된 적은 결코 사람이 아니다. 적은 타락한 천사이며, 그의 능력은 핵무기로 소멸할 수 없고 오직 기도로 물리칠 뿐이다. 바울이 「에베소서」에서 정확히 표현한 것처럼 말이다.

끝으로 너희가 주 안에서와 그 힘의 능력으로 강건하여지고 마귀의 간계를 능히 대적하기 위하여 하나님의 전신갑주를 입으라. 우리의 씨름은 혈과 육을 상대하는 것이 아니요 통치자들과 권세들과 이 어둠의 세상 주관자들과 하늘에 있는 악의 영들을 상대함이라. 그러므로 하나님의 전신 갑주를 취하라. 이는 악한 날에 너희가 능히 대적하고 모든 일을 행한 후에 서기 위함이라. 그런즉 서서 진리로 너희 허리 띠를 띠고 의의 호심경을 붙이고 평안의 복음이 준비한 것으로 신을 신고 모든 것 위에 믿음의 방패를 가지고 이로써 능히 악한 자의 모든 불화살을 소멸하고 구원의 투구와 성령의 검 곧 하나님의 말씀을 가지라. 모든 기도와 간구를 하되 항상 성령 안에서 기도하고 이를 위하여 깨어 구하

기를 항상 힘쓰며 여러 성도를 위하여 구하라.(에베소서 6: 10-18)

바울이 메시지를 전달하기 위해 군사 비유를 사용한 것은 우연이 아니다. 바울 역시 당시 극단적인 우파와 싸워야 했다. 바울은 그들의 용어를 잘 알았다. 그러나 바울은 우리에게 권총을 차고 한 길로 나가 으스대며 싸울 기회를 찾는 것이 아니라, 영적으로 깨어 있으라고 권면한다.

'깨어' 경계하라는 바울의 권면은 우리가 루비 산 봉우리에 철통같은 요새를 짓고 다가오는 환란에 대비해, 지하실을 총과 비상식량으로 채우라는 뜻이 아니다. 언제부터 그리스도인들에게 '깨어 경계하다'의 의미가 '무장하다'로 돌변한 걸까?

내가 사는 동네 사람들이 모는 트럭의 창문에는 소총이 걸려 있고 그들의 자동차 도구함에는 여분의 탄약이 들어 있다. 따라서 나는 전미 소총 협회가 거룩한지 그렇지 않은지에 대해서 논쟁하지 않을 것이다. 하지만 그리스도인으로서 나는 영적인 문제에 대한 우리의 화법이 변해야 한다고 생각한다.

전투와 전쟁에 관련한 용어 대신, 춤의 언어를 사용해보자고 그렉 스펜서는 제안한다. 만일 우고 차베스와 팻 로버트슨이 삼바에 도전한다면 둘 사이에 상상하지 못했던 공통점을 발견할 수 있지 않을까? 둘 다 몸치라는 공통점 말이다. 진보주의자와 보수주의자가 반짝이는 정장을 차려입고 함께 차차차를 춘다고 상상해보자. 두 사람의 최대 과제는 서로 발을 맞추는 것이 될 것이다. 물론 논점을 피하는 데 일가견이 있는 북한의 김정일 위원장은 왈츠의 달인이겠지만 만약 그가 이명박 대통령과 격렬한 룸바에 도전한다면?

2년에 한 번 늦은 8월이면 호피 원주민들은 그들의 의식인 뱀춤을 준비한다. 제단을 세우고 기도 막대기를 모으고 모래로 그림을 그리고 성수로 그릇을 채운다.

축제는 9일 동안 이어진다. 마지막 4일 동안 호피족 제사장들은 뱀을 모으기 위해 광야로 나가는데, 어린 남자아이들을 함께 데리고 나간다. 어린 남자아이들에게 다치지 않고 뱀을 만지도록 해 주는 능력이 있다고 믿기 때문이다. 제사장들이 막대기로 구멍을 뒤져 뱀을 끌어내는 동안, 아이들은 뱀이 긴장을 풀고 공격하지 않도록 간질이기 위해 깃털을 준비하고 그 옆을 지킨다. 그러고 나서 아이들은 뱀의 머리를 잡아챈다.

의식이 벌어지는 9일째, 그들은 특별한 약초가 든 물통으로 뱀들을 담갔다가 깨끗한 모래판으로 다시 던져 놓는다. 제사장들이 커다란 자루로 뱀들을 옮겨 넣으러 올 때까지, 젊은이들은 그 뱀들을 지킨다. 그런 후에 뱀들을 마을 광장으로 데려가 키시라고 불리는 원뿔 모양의 사당 안으로 집어넣는다. 실제로 뱀춤을 추는 동안 제사장은 우리 안에 손을 넣어, 처음에는 손으로 나중에는 입으로 뱀을 집어 든다.

이러한 의식은 자루에 담긴 오륙십 마리의 뱀이 모두 '춤'을 출 때까지 계속된다. 그 후 제사장들은 굵은 곡식가루를 뿌려 원을 만들고 그 위로 뱀을 풀어 놓는다. 꿈틀거리는 뱀들 위로 여자와 어린이들은 곡식가루를 더 뿌려댄다. 그러고 나서 뱀 제사장들이 원안으로 달려 들어가 뱀들을 한 아름 들고 거룩한 곳으로 가서 그들을 풀어 준다. 멀리, 더 멀리 도망하기를 바라면서.

이 의식은 대단히 조심스럽게 진행되지만 호피 원주민들은 뱀을 자신들의 '형제'로 생각하기 때문에 이 춤을 위험하다고 여기지는 않는다. 호피 원주민들은 비를 바라는 그들의 기도를 뱀이 창조주에게 전달해 준다고 믿는다. 이 춤은 혹시나 있을지 모를 독을 제거하기 위한 구토를 일으키는 성분이 든 음료를 마시면서 끝난다.

어떤 사람들이 믿는 것처럼, 호피 원주민들이 뱀을 예배하는 것은 아니다. 사실은 그 반대다. 그들은 뱀을 자신의 형제로 친근하게 대할 뿐이다. 그들은 뱀들과 평화롭게 더불어 산다. 그들은 뱀과 함께 기도한다. 뱀과 함께 춤을 춘다.

사람이 구렁이나 방울뱀과 어울리는 것이 가능하다면, 우리가 서로 어울리는 게 뭐 그리 어려울 것인가! 함께 춤을 추고 기도하기 위해 모일 기간이나 이유가 있다면 말이다.

인류 최후의 전투를 위해 총을 손에 쥐어주는 대신, 우리 아이들에게 무용화를 신기고 춤동작을 가르쳐 주는 건 어떨까? 모든 야단법석을 멈추고 즐거운 분위기를 조성하려 노력한다면 우리에게 어떤 일이 일어날까? 숨을 크게 들이쉰 뒤 자세를 잡고 사단에게 탭댄스 동작을 날려 준다면?

{ 15 }
낮게 해 주세요

어느 여름 날 아침, 공원의 한 식당에서 뜨거운 커피를 마시며 원고를 손보는 중에 뒤 테이블에 앉은 사람들의 이야기가 들려왔다. 그들의 대화는 간격을 두어 읽는 시낭송 같았다. 나는 서둘러 메모를 했다.

"내 머리 어때?"

"응, 좋아 보여."

"오늘 아침 뉴스 봤어? 누구를 체포했다던 걸? 그 사람 이름이 뭐였더라? 어젯밤 뉴스에 나왔는데, 태국에서 잡혔대."

"그래?"

"너무 안 됐어. 아이 엄마는 죽었잖아. 그치?"

"응, 그래도 죽기 전에 용의자가 있다는 사실을 알았다고 하더라구."

"음."

"사람들이 처음엔 그 엄마를 의심했잖아."

"처음엔. 사실 나도 그랬어."

"나도."

"그런 사건이면 부모가 늘 첫 번째 용의자가 되잖아."

"태국은 소름끼치는 곳이야. 그 나라 사람들은 자신의 딸도 상품처럼 판다고 하던 걸?"

"정말?"

"미국 기업들이 태국에 진출하는 것도 그 때문이래."

"정말 소름끼친다."

"이번 주에 다이빙 보드에서 떨어진 아이 이야기 들었어?"

"아니, 무슨 일인데?"

"다이빙 보드에서 떨어져서 머리가 깨졌대. 공기가 뇌와 비강으로 들어가고. 피는 귀로 흘러나오고."

"음."

"문제는 부모가 의료 보험이 없었나 봐. 아이를 무슨 병원으로 보냈다는데 보험이 없어서 4일 후에 집으로 돌아왔대. 어떻게 그럴 수가 있을까."

"정말 어떻게 그게 가능하지?"

"의료 보험이 없으면 환자를 거절할 수도 있나 봐."

"히포크라테스의 선서는 어쩌고?"

"되돌려 보낼 방법을 찾아냈나 보지."

"음, 이해는 돼. 내가 일하는 이유도 우리 가족들 보험 때문인

걸. 일하지 않는 사람들이 잘못이지."

"네 말이 맞아. 모든 이야기는 양쪽 입장에서 들어봐야 해."

"셸리 부인이 신경쇠약에 걸렸다는 소식은 들었어? 정원에 나와 있는 동안 그랬다는데. 그 정원에서 자라던 보라색 풀 생각나?"

"응. 우리 집 정원에도 있는데."

"보라색 꽃이 나는 풀?"

"어, 맞아."

"셸리 부인이 양상추를 뽑고 있었는데 상추에 그 풀이 좀 들어 있었나 봐. 그래서 걸린 거라던 걸? 나쁜 독초래. 어떤 아이는 그 풀을 먹고 근육이 돌처럼 굳어 버렸다고 하더라고. 일 년에 스무 건에서 서른 건 정도 그런 일이 일어난다고 하던데. 의사들도 흔히 발견하는 일은 아니래. 어쨌든 우리 집 정원에도 그 풀이 많거든. 어쩐지 정원에 나갈 때마다 좀 흥분되는 것 같더라고. 분명 그 보라색 풀 때문일 거야."

"음."

세계 곳곳에서 이러한 대화들을 흔히 들을 수 있다. 변태 같은 미국인 기업가들이 어린 여자아이들을 찾아 이국적인 장소를 돌아다닌다는 이야기, 사고를 당하고 형편없는 건강관리 시스템에 두 번 희생당한 어느 가족의 이야기, 우리 집 정원에 아무렇게나 방치된 케일 때문에 아무것도 모르는 순진한 사람들이 완전히 마비되거나 각성제를 먹인 사냥개처럼 미쳐 버렸다는 이야기…

CNN이 24시간 떠들어대는 뉴스가 우리의 속을 뒤집어 놓기에는 부족한 양, 우리는 시간을 내서 서로에게 생각나는 끔찍한 이야기들을 모조리 들려주고 있다. 텔레비전 연예 정보 프로그램 리포터가 되기 위한 시험 준비라도 하려는 걸까?

서로를 권면하라는 말씀을 잊은 지 오래다.

「데살로니가전서」 5장 11절을 기억해보라. "그러므로 피차 권면하고 서로 덕을 세우기를 너희가 하는 것 같이 하라."

「히브리서」 3장 13절도 있다. "오직 오늘이라 일컫는 동안에 매일 피차 권면하여 너희 중에 누구든지 죄의 유혹으로 완고하게 되지 않도록 하라."

아니면 이 훈계는 어떤가? "모이기를 폐하는 어떤 사람들의 습관과 같이 하지 말고 오직 권하여 그 날이 가까움을 볼수록 더욱 그리하자"(히 10:25).

아이들이 아직 학교를 다니고 내가 매일 오후 아이들의 운전기사 노릇을 해야 하던 시절 그러니까 아주 옛날, 아이들은 차에 오르자마자 불평을 늘어놓곤 했다.

"피곤해."

"배고파."

"엄마, 로이가 오늘 나한테 무슨 짓을 했는지 알아?"

"오늘 담임선생님 대신 들어온 선생님이 쉬는 시간 동안 벽을 보고 서 있으라고 벌을 주지 뭐야. 나쁜 선생님이야."

보통 집에 도착하기까지 아이들의 절규는 멈출 줄을 모른다. 마침내 나는 이 소란을 멈출 방법을 고안해냈다. 어느 날 오후 자동차에 올라 탄 아이들이 여느 때처럼 불평을 입체 음향으로 시작하려던 찰나, 나는 오른손을 들어 일단 아이들을 조용히 시켰다.

"엄마가 오늘부터 규칙 하나를 정했어. 나쁜 일 한 가지를 이야기하려면 좋은 일 세 가지를 함께 이야기하는 거야."

네 아이들이 거대한 불평을 삼키는 소리가 꿀꺽하고 들렸다.

"엄마, 그건 불공평해." 막내가 칭얼거렸다.

"좋아, 그럼 이제 좋은 일 세 가지를 말할 차례야." 사악한 미소를 지어 보이며 내가 말했다.

기자들이 한 가지 나쁜 기사를 쓰기 위해 세 가지 좋은 기사를 써야만 한다면 신문의 주요 기사들은 어떤 모습일까? 가난한 아이들에게 책을 선물하기 위해 초호화 호텔을 포기한 미국 기업인들의 이야기, 빈민국가에서 질병으로 고통당하는 사람들을 치료하는 일에 매년 자신의 휴가를 헌납하고 있다는 의사들의 이야기, 현명한 결정을 내리는 연예인들의 이야기라도.

지금이 어려운 때라는 사실에는 의심의 여지가 없다. 어쩌면 정말 말세일 수도 있다. 나는 잘 모르겠다. 예언자가 아니니까. 하지만 더 이상 두려움과 부정적인 생각에 조종당하고 싶지는 않다. 그것의 출처가 뉴스 기사든, 공포 영화든, 베스트셀러 목록이든 아니면 내 마음 한 구석에서 들려오는 소리든 말이다.

오래전 친구 한 명이 신경과민으로 병원에 입원을 했다. 보라색 풀을 만지지도 않았는데 말이다. 어쨌든 그녀는 의사들이 사람의 빈 공간을 살핀다는, 조금은 허황된 병원에서 6주를 보냈다. 친구는 말이 없는 암흑 속으로 사라져 버렸다. 일 년 동안 그녀는 전화도 하지 않았고 편지도 쓰지 않았다. 우리가 함께했던 젊은 날의 비밀도 모두 함께 가지고 사라진 듯했다. 나는 초조했다. 저 공허한 시선 뒤로 그녀가 다시 깃들 수 있을까?

꿈을 통해 답변이 왔다. 아이들을 낳으면서 느꼈던 고통만큼이나 나는 그 꿈을 분명하고 생생하게 기억한다. 꿈의 내용은 다음과 같았다.

긴 수염을 기른 남자, 해안경비대장을 포함해 12명의 남자들과 나는 잔교棧橋 위에 서 있었다. 잔교의 회색 널빤지는 사나운 날씨에 좀 낡은 듯이 보였지만 그래도 견고했다. 잔교가 바다 한가운데 있었으니 다행스러운 일이었다. 어디에도 붙어 있지 않은 이 다리는 바다 속 밑으로 닻을 내린 것 같았다.

잔교에는 정말로 초라하기 짝이 없는 거룻배가 하나 달려 있었다. 가벼운 금속으로 만든 선체에 초라한 덮개까지, 모양은 커튼이 달린 침대와 다를 게 없었다. 거룻배 옆으로 우리가 서 있는 동안 강력한 물결이 몰려와 배를 완전히 뒤집어 버렸다. 그런데 수염을 기른 남자가 배의 기둥을 잡더니 배를 똑바로 일으켜 세우는 게 아닌가! 나는 몹시 놀랐지만 다른 사람들은 별일이 아니라는 듯한 반응이었다.

그러고 나서 이 수염 난 남자는 다음 이동에 대해서 해안경비대장과 격렬한 말다툼을 벌였다.

듣고 있자니 해안 경비대에게 배와 함께 폭풍 속에서 실종된 한 여자를 찾으라는 지시가 내려진 모양이었다. 12명의 남자와 수염 난 남자는 거룻배를 타고 나가 해안 경비대를 돕자고 이야기했다. 하지만 대장은 심한 폭풍이 다가오고 있기 때문에 구조는 안 된다고 주장했다.

"이건 너무 위험해." 말하는 대장의 얼굴은 화난 복어처럼 부풀어 올랐다.

"저는 갈 겁니다. 누가 저와 함께 가시겠습니까?" 수염 난 사람이 말했다.

열두 명의 남자는 모두 거룻배로 옮겨 탔다. 나는 우두커니 몰려오는 시꺼먼 구름을 지켜보았다. 번갯불이 번쩍였다. 옥색의 바다 물도 어두운 색으로 변하고 있었다. 대장의 얼굴을 한 번 보고 수염 난 남자에게로 시선을 옮긴 나는 생각했다. 내가 조난을 당했다면 누군가 나를 찾으러 와 주기를 바랄 거야. 나는 이제 매우 붐비는 거룻배로 올라탔고 그 위에서 가지고 있던 소풍 바구니에서 재료를 꺼내 재빨리 사람들을 먹일 참치 샌드위치를 만들었다. 열두 명의 남자들 중 몇몇이 도와주었다.

닻을 거두고 잔교에서 멀어질수록 폭풍은 점점 거세졌다. "걱정되지 않으세요? 이 폭풍이 지나기를 기다려야 하는 건 아닐까요?" 나는 수염 난 남자에게 물었다.

"아닙니다. 저기 우리 도움이 필요한 조난당한 여자가 있습니다. 우리는 그 여자를 찾아야 합니다." 그는 말했다.

'네, 우리 모두가 다 죽기 전에 그녀를 찾아야 할 텐데요.' 이 남자들의 성질을 건드릴까 봐 말하지는 못하고 마음속으로 나는 그렇게 외치고 있었다.

갑자기 그 수염 난 남자가 나를 돌아보며 말했다. "걱정하지 마세요. 당신이 스스로 얼마나 부족하다고 생각하는지는 중요하지 않아요. 당신이 내 임재 가운데 거하는 한 당신에게 평화가 함께

할 거예요. 인생의 폭풍은 당신을 삼키지 못합니다."

―――❧―――

그가 그 말을 하자마자 나는 침대에서 벌떡 일어났다. 나는 사람들이 자고 있는 나를 깨워 무언가 이야기하는 것을 싫어한다. 성가시다. 그리고 잠이 덜 깬 상태에서 내가 과연 무슨 말을 할지 걱정이 된다. 하지만 몽롱한 상태에서도 나는 내 친구가 괜찮아질 거라는 확신이 들었다. 바로 그녀에게 전화를 걸어 그 꿈 이야기를 들려주었다.

그녀는 너무 멍한 상태라 내 말을 제대로 이해하기는 힘들었지만 그것은 중요하지 않았다. 사실 그 메시지는 그녀보다도 나를 위한 것이었다. 내가 예수님의 임재 가운데 머무는 한, 인생의 파괴적인 폭풍에 당황할 필요가 없다. 내가 곤란에 처한 사람을 돕는 임무에 충실한 동안, 예수님은 나를 안전히 지켜 주시고 내게 평안을 주실 것이다.

이러한 이야기는 텔레비전 드라마처럼 황당해 보일 수 있다. 어쩌면 친구와 함께 치료를 받는 게 어떻겠냐고 제안을 하고 싶은 독자도 있을 것이다.

하나님이 내게 직접 말씀하셨다고 주장하는 것이 아니다. 어두운 차고에서 울리는 목소리를 들었다거나, 불 병거에서 떨어진 깜부기불을 보았다는 것도 아니다. 「이사야」 26장 3절의 21세기 버전이라고 하면 어떨까? "주께서 심지가 견고한 자를 평강하고 평강하도록 지키시리니 이는 그가 주를 신뢰함이니이다."

사방에서 우리의 세계를 위협해 오는 두려움의 물결을 목격할 때마다 나는 그 꿈의 메시지로 반복해서 돌아간다. 지금까지도 내면과 외면의 두려움이 나를 맹렬히 공격할 때면, 나는 하나님의 다리를 흔들며 안전한 팔로 나를 안아 달라고 하나님께 울부짖는다. 그리고 바로 그곳, 보호하시는 하나님의 안전한 무릎 위에서 나를 사로잡은 공포는 힘을 잃기 시작한다. 곧이어 나의 눈물은 깊은 안도의 한숨으로 변하고 평안한 쉼이 나를 덮는다.

당신은 가장 두려울 때 누구를 향해 울부짖는가?

에릭의 어머니 셜리 던햄은 2년 전 유방암으로 죽었다. 그녀의 남편 찰스는 당시 세 살과 아홉 살짜리 두 아이를 홀로 키우고 있었다.

"막내 손자가 아내를 무척이나 그리워합니다. 때때로 그녀가 생각나는 노래라도 들려올 때면 저도 눈물이 나는 걸요. 벌써 6년 전 일이라는 게 믿어지지 않아요. 마치 어제 일 같은데요."

이전에는 상상도 하지 못했던 삶이었다. "함께했던 십삼 년이라는 시간은 너무 짧았어요. 셜리는 제게 너무 많은 것을 주었는데 갚을 기회는 주지 않고 떠나버렸네요."

그는 셜리의 바람대로 아이들을 키우려 열심히 노력했다. 아이들은 학교에서 훌륭한 학생들일 뿐만 아니라 그 가족이 시련을 지나는 동안 머물렀던 작은 침례교회에 함께 출석하고 있다.

아이들은 에릭에 대해 언급하지 않고 이미 교도소에서 풀려난 엄마와도 접촉하지 않는다. 아이들에게 집은, 찰스와 자신이 커다란 개나 당나귀라고 착각하고 있는 장난감 말을 포함한 다양한 농장 동물들이 있는 흥미진진한 곳이다.

찰스는 모든 손자들에게 자신의 믿음이 자신에게 얼마나 중요한지, 또 셜리에게 얼마나 중요했는지 알려 주려고 최선을 다한다.

지난 모든 시련을 헤쳐 올 수 있었던 것은, 예수님을 믿는 믿음 때문이었다고 찰스는 말했다. 쓴웃음을 지으며, 침입자가 가슴에 총을 겨누고 자신을 조롱할 때나, 나중에 암으로 죽어 가는 때에도 셜리가 어떻게 자신의 삶 가운데 임재하시는 예수님을 전했는지 찰스는 기억했다.

찰스는 자신의 양아들인 에릭 셰년이 죽던 날 밤에 대해 곰곰이 생각해 왔다.

"그날 밤 일어났던 일에 대해 족히 이삼백 번은 고심해 본 것 같아요. 만일 에릭이 아니라 다른 사람이었다면 아마 저도 공격했을 거예요. 하지만 에릭이었기 때문에 그렇게 할 수가 없었어요."

그는 폭력을 전혀 모르는 사람이 아니었다. 베트남전 참전 당시 그는 비무장 지대에서 3개월 동안 군사 작전에 참여하기도 했다. 하지만 나중에 셜리를 만났고, 그는 그녀가 자신의 아들들을 얼마나 사랑했는지 잘 알았다. 그날 밤 에릭이 반자동소총을 들고 그들의 침실로 쳐들어와 "내 아들을 내 놔!" 하고 소리를 질렀을 때, 아이는 여기에 없고 아동 복지부에서 아이를 어디로 보냈는지 자신들도 모른다고 에릭에게 설명하려고 애를 썼다.

에릭은 그의 말을 믿지 않았다. 그는 양아버지를 쏘고 그가 죽도록 버려두었다.

"우리는 정말 아이가 어디에 있는지 몰랐어요. 아동 복지부 사람들은 혹시 이런 일이 일어날까 봐 우려해 우리에게 아이가 어디에 있는지 알려 주지 않았거든요."

사건 당일 다리에 총을 맞은 찰스가 에릭이 죽었다는 소식을 들은 것은 응급실에서였다.

"그 순간은 절대로 잊지 못할 거예요. 사람들은 제게 이제는 편안히 쉴 수 있을 거라고 말했어요. 하지만 어떻게 쉴 수 있겠어요? 에릭이 죽었는데. 제 인생 최악의 밤이었어요. 베트남에서의 어떤 경험보다도 끔찍했어요."

에릭을 가장 사랑했던 사람들은 에릭이 목숨을 걸고 그런 행동을 한 이유는 절망 때문이라고 믿는다.

"정말 많은 생각을 했어요. 누군가 제게서 제 아이들을 빼앗아 갔다면 저라고 그런 행동을 하지 않았을까요?" 찰스는 말했다.

오늘날 세상에서 일어나는 사건들을 살펴보면, 젊었을 때 뜨거운 논쟁거리였던 전쟁터를 향해 집을 떠나던 자신의 모습이 떠오른다고 그는 말했다.

"집으로 돌아왔을 때, 저는 사람들에게 우리의 적은 베트콩이 아니라 우리의 정부라고 이야기했어요." 그때나 지금이나 정부가 젊은 군인들을 부당하게 이용했다는 주장은, 사람들의 환영을 받지 못한다. 하지만 그는 사람들이 자신의 의견을 환영하는지 어떤지 신경 쓰지 않는다. 찰스는 강인한 성품과 정직한 믿음의 사람이다. 인생에서 가장 두려울 만한 일을 당하더라도 예수님이 우리를 잡아 주시며 우리와 함께하신다는 믿음은 그를 안심시킨다. 그 믿음과 흔들림 없는 예수님의 사랑이 아니었다면, 자신이 어떻게 살아왔을지 모르겠다고 이야기한다.

　창조주 하나님을 믿는 믿음을 가지고 있다면, 적어도 그 믿음이 우리에게 소망을 주어야 하지 않을까? 우리가 다른 사람들을 더욱 사랑하도록 말이다. 좀 더 너그러운 마음과 자신과 다른 사람들을 용서할 수 있는 마음도 주어야 할 것이다. 믿음이 유용한 것이라면 우리 안에 있는 추악한 공격성을 다스려야 하지 않을까? 셜리와 에릭을 향한 사랑이 찰스에게 했던 것처럼 말이다.

　용서가 없고 사랑이 없고 구원이 없는 믿음은, 다른 사람들을 다스릴 권력을 얻기 위해 사람들이 만든 규칙들에 지나지 않는다. 그런 식으로 사람이 만든 확신의 종교는 하나님을 성난 아버지로 그려낸다. 마치 마룻바닥 위의 침낭 속에서 두려움에 움츠려 울고 있는 우리의 머리 위로 탄약을 던지는 무자비한 분으로 말이다.

　딸아이의 반항을 멈추어 달라는 기도에 하나님이 그 아이에게 기차사고를 나게 하셨다고 믿는 자밀라의 아버지가 붙들었던 종교가 바로 이러한 종교다. 그것은 자신의 가죽 허리띠를 아들에게 주고 여동생들을 다스리라고 에릭이 선전했던 종교이기도 하다. 또한 그것은 광포한 9·11 테러범들의 연료가 되었던 종교이기도 하다. 그런 종교는 그리스도인이든 이슬람교도든, 아니면 다른 어떤 종교든 간에, 자신은 옳고 다른 사람은 틀리다는 근본주의자들의 믿음을 강요한다. 그것은 최후의 지구 전쟁이라는 종말론적 대규모 대결을 고대하는 확신의 종교다. 그리고 슬프게도 이러한 종교를 붙드는 사람들은 "내가 말한 대로지?"라고 말할 기회를, 자신의 목숨보다도 귀하게 여긴다.

예수님 안에 있는 우리의 소망이, 이 아름다운 지구와 서로를 더욱 사려 깊게 돌보도록 하지 못한다면, 우리의 두려움을 극복할 힘을 주지 못한다면, 또 셜리와 찰스에게처럼 인생의 심한 폭풍 속에서 우리에게 평안을 주지 못한다면, 그런 소망이 과연 무슨 소용이 있을까?

당신은 어떤가? 만일 누군가 당신의 집에 침입해서 가족들을 위협하며 "너의 예수님은 지금 어디에 있는 거야?"라고 묻는다면 당신은 어떻게 대답하겠는가?

{ 감사의 말 }

나는 독자들에게 온 편지들을 모아 둔다. 기분이 울적할 때마다 그들의 편지가 나를 격려해 주기 때문이다. 캘리포니아 주 팔로마 커뮤니티 대학교의 학생인 알렉사의 편지도 그런 편지 가운데 하나다. 그녀는 학교 선생님 중 한 분이 나의 책을 수업에서 사용한다고 말했다. "그 수업을 듣는 저와 다른 학생들에게 선생님이 얼마나 큰 격려가 되는지 말씀드리고 싶었어요. 선생님과 선생님의 가족은 우리의 눈에는 모두 영웅이에요."

알렉사의 편지는 내가 이 일을 할 수 있도록 도와준 사람들에게 나 또한 감사해야 한다고 이야기한다. 내게 영감이 되어 준 사람들. 그 사람들이 이번 페이지를 찢어 따로 보관해 두었으면 좋겠다. 그래서 그들의 기분이 울적할 때 꺼내 보고 이 책이 그들의 솜씨와 재능, 노력, 헌신의 결과물이라는 사실을 기억했으면 하는 바람이다. 그들 가운데 많은 사람들이 내게는 가족과도 같다. 또한 내가 곤란한 상황에 빠졌을 때 어디선가 나타나 나를 구해 준 만화 속 나의 영웅들이기도 하다.

랄피의 아버지이자 언어의 황제, 엉망진창인 나의 글을 자원해서 다듬어 준 당신의 호의에 따뜻한 포옹을 보낸다. 대단한 유머감각과 날카로운 통찰력, 재치 있는 빨간 펜까지. 앤디, 당신은 훌륭한 아버지일 뿐 아니라 노련한 편집장이에요.

감사의 환호는 내 글의 재단사이자 여러 곳에서 미끄러지는 나를 부드러운 손으로 안내해 준 베키에게. 그리고 마이크, 신디, 말라, 캐런, 조이스를 비롯해서 출판사의 열심과 재능이 넘치는 편집부에게 커다란 포옹을 보낸다. 또한 특별히 두 배로 수고해 준 디자인부에게도 사랑의 빚을 졌다. 고마워요, 모두들. 그리고 단번에 이 이야기를 믿어 준 린 크라이더맨에게도 감사를 보낸다.

이 책으로 엄청난 에너지를 쏟아 주고 헌신을 보여 준 더들리 델프스, 고마워. 나의 믿음이 처음 형성된 같은 곳에서 온 사람과 함께한 작업은 영광이었어.

스콧 맥나이트, 재니스 오웬스, 마이클 모리스, 샌드라 킹, 패티 C. 헨리, 지넷 윌스, 밥 웰치 그리고 그 외 동료 작가들도 모두에게 감사를 전한다. 그대들의 삶과 글은 내게는 영감이라고. 독립을 유지하기 위해 애쓰는 완다 지웰과 그 외 파웰스, 페이지&팰릿의 성실한 책쟁이들도 고마워. 우리 모두는 당신들이 얼마나 자랑스러운지 몰라.

팀, 나와 우리 아이들을 자랑스러워 해 주는 당신. 당신이 우리

가족을 향한 큰 사랑 때문에 나는 무척 감사해.

  찰스, 당신이 하고 있는 일은 위대한 일이에요. 하나님이 셜리의 믿음의 유산을 계속 사용하시고, 찰스의 헌신도 많은 사람들을 강건하게 하는 일에 사용하시기를 기도할게요.

  페기 스톤맨 라이트의 변함없는 친절과 농익은 지혜, 변함없는 우정에 감사해. 그리고 바닷가에서 함께 보낸 주말, 고마워.

  나를 엘렌스버그 교정으로 불러 도전적인 강연을 하도록 허락해 주신 센트럴 워싱턴 대학교 학생 대표들과 로이스 브리드러브 학과장님께 감사를 드립니다. 눈물이 맺히는군요. 덕분에 두 번 생각할 수 있었습니다.

  마지막으로 독자들이 이 감사만은 잊지 않기를 바라는 마음으로 스탠 건드리에게 돌린다.

나는 이제 두렵지 않습니다
두려움 없는 믿음

Copyright ⓒ 새물결플러스 2010

초판 1쇄 인쇄 2010년 2월 8일
초판 1쇄 발행 2010년 2월 16일

지 은 이	카렌 스피어 자카리아스
옮 긴 이	장혜영
펴 낸 이	김요한
펴 낸 곳	새물결플러스
기 획	정지영
편 집	김병규
디 자 인	이민연
영 업	오현숙
총 무	윤미라
홈페이지	www.hwpbooks.com
이 메 일	editor.holywaveplus@gmail.com
출판등록	2008년 8월 21일 제2008-24호
주 소	(우) 158-718 서울특별시 양천구 목1동 923-14 현대드림타워 920호
전 화	02) 2652-3161
팩 스	02) 2652-3191

ISBN 978-89-961592-9-2 03230
책값은 뒷표지에 있습니다